Angela Richter (Hg.), *Supernerds*

Angela Richter, geb. 1970, ist seit der Spielzeit 2013/14 Hausregisseurin am Schauspiel Köln. Ihre Arbeiten bewegen sich stets im Grenzbereich von Theater, Performance und journalistischer Recherche. 2006 gründete sie in Hamburg das Fleetstreet Theater, das sie bis 2010 leitete. Schon länger setzt sie sich künstlerisch mit dem Phänomen der Netzaktivisten auseinander. Sie lebt in Berlin und Köln.

Daniel Richter, geb. 1962, ist einer der bekanntesten zeitgenössischen deutschen Maler. Er lehrt seit 2006 an der Akademie der bildenden Künste Wien und lebt in Berlin.

Supernerds

Gespräche mit Helden

Herausgegeben von Angela Richter

Unter Mitarbeit von Julian Pörksen

Mit Zeichnungen von Daniel Richter

Alexander Verlag Berlin

Mit freundlicher Unterstützung der Hamburger Stiftung zur Förderung von Wissenschaft und Kultur.

Dieses Buch entstand im Rahmen der Produktion *Supernerds – Ein Überwachungsabend von Schauspiel Köln, gebrueder beetz filmproduktion und WDR.*

Für David

»Der Dritte Weltkrieg wird ein Guerilla-
Informationskrieg sein, ohne Trennung zwischen
Militärs und Zivilisten.«
Marshall McLuhan

»In einem Staat, der seine Bürger unrechtmäßig
einsperrt, ist das Gefängnis der einzig wahre Ort für
einen gerechten Mann.«
Henry David Thoreau

»Weder zur Furcht noch zur Hoffnung besteht
Grund, sondern nur dazu, neue Waffen zu suchen.«
Gilles Deleuze

Inhalt

You Cannot Arrest an Idea

@atopiary

Ah, I'm sick to death of hearing things
From uptight, short-sighted, narrow-minded hypocrites
All I want is the truth
Just gimme some truth

I've had enough of reading things
By neurotic, psychotic, pig-headed politicians
All I want is the truth
Just gimme some truth

John Lennon

Ich habe Julian Assange Anfang Juli 2011 kennengelernt, bei einem Mittagessen mit Slavoj Žižek, das ich auf Ebay ersteigert hatte. Bei der Gelegenheit erzählte ich Assange von meinem Vorhaben, ein Stück über WikiLeaks zu machen, das auf Interviews mit ihm beruhen sollte.

Ich hatte wenig Hoffnung, dass er mitmachen würde, Assange hatte damals weiß Gott andere Probleme: Er stand unter Hausarrest und wurde mithilfe einer elektronischen Fußfessel überwacht. Durch seine Veröffentlichungen auf WikiLeaks hatte er sich mit der Weltmacht USA angelegt – und sie gründlich blamiert. Wie wir heute aus dem *Stratfor Leak* wissen, tagte in den USA zu diesem Zeitpunkt eine geheime Grand Jury über seinem Fall und bereitete eine versiegelte Anklageschrift vor. Außerdem drohte ihm die Auslieferung nach

Schweden. Dort sollte er zu Missbrauchs- und Vergewaltigungsvorwürfen zweier Frauen befragt werden, die mit ihm geschlafen hatten. Es ging bei diesem bis heute andauernden Fall maßgeblich um die Benutzung von Kondomen. Trotz allem kam es im März 2012 überraschend zu unserem ersten Treffen im Soho House in London. Es dauerte mehrere Stunden, in denen Assange vor allem *mich* ausfragte. Ich war nervös und hatte nicht den Eindruck, eine gute Figur zu machen. Als wir uns schließlich verabschiedeten, meinte er ganz lapidar, dass ich ihn überzeugt hätte, und sagte mir zu. Von seinem Mitarbeiter Joseph Farrell wurde mir anschließend mitgeteilt, dass ich mich bereithalten solle, das nächste Treffen würde sehr kurzfristig anberaumt werden.

In den kommenden Wochen und Monaten wartete ich auf eine Nachricht aus London. In dieser Zeit vertiefte ich mein Wissen und verbrachte viel Zeit auf Twitter, wo ich nicht nur WikiLeaks folgte, sondern auch Mitgliedern von *Anonymous* und der genialischen Hackergruppe *Lulzsec*. Ich dachte Tag und Nacht an nichts anderes mehr und redete auch über nichts anderes mehr, sehr zum Leidwesen meiner Mitmenschen. Je mehr ich erfuhr, desto mehr neue Fragen taten sich auf, ich entwickelte eine regelrechte Besessenheit für das Thema und verlor mich völlig in den Weiten des Internets.

Da ich wochenlang nichts mehr von WikiLeaks gehört hatte, zweifelte ich mittlerweile an dem ganzen Unterfangen. Mitte Juni wagte ich mich schließlich auf eine lang geplante Reise nach Key West, um dort mit Delfinen in freier Wildbahn zu schwimmen. Kaum war ich da, erreichte mich die Nachricht von WikiLeaks, dass ich sofort nach London kommen soll. Assange hatte den letzten Prozess in Großbritannien verloren und sollte innerhalb von zwei Wochen nach Schweden ausgeliefert werden. Im Haus der Baroness Helena Kennedy sollte am Sonntag, dem 17. Juni 2012 eine Cocktailparty für Assange stattfinden, zu der Freunde und potentielle Unterstützer geladen waren. Am Dienstag darauf sollten Chris Kondek, der das

Gespräch filmen sollte, und ich ihn in seinem Versteck in Kent treffen – das Interview schien in greifbarer Nähe. Ich verließ die Delfine und buchte den nächsten Flug nach London.

Vom Flughafen aus eilte ich direkt zu der Party, kam ungeduscht und gejetlagged dort an und stellte zu meiner großen Überraschung fest, dass ein großer Teil der Assange-Unterstützer Intellektuelle und Künstler waren sowie einige Repräsentanten des britischen Establishments mit einem Herz für Freigeister. Ich weiß noch, wie ich dachte, dass so etwas in Deutschland undenkbar wäre. Die Gastgeberin selbst, Baroness Helena Kennedy, eine Anwältin und Mitglied im House of Lords, hatte Assange unterstützt und rechtlich beraten.

Es waren um die zwei Dutzend Leute da, neben seinen Unterstützern einige seiner Anwälte, das WikiLeaks-Team, die Dokumentarfilmerin Laura Poitras, die Menschenrechtsanwältin Jennifer Robinson und die Aktivisten Peter Tatchell und Victoria Brittain. Es war ein heißer Sommertag, im Garten der Villa wurden kühle Getränke gereicht und schließlich hielt Assange eine kleine Ansprache, in der er allen für die unermüdliche Unterstützung dankte. Er wirkte dabei seltsam verlegen und linkisch, es schien ihm unangenehm zu sein, über seine anstehende Reise nach Schweden zu sprechen. Als wir uns später unterhielten und auf das Interview zu sprechen kamen, sagte er mir, dass er mir keine eindeutige Zusage für das Treffen am Dienstag geben könne. Ich war sofort alarmiert und fragte ihn nach den Gründen, bekam aber nur eine ausweichende, kryptische Antwort, er murmelte irgendetwas von »politischen Gründen«. Um mich abzulenken, stellte er mich dem Ehemann der Gastgeberin, Professor Ian Hutchinson, vor, einem renommierten plastischen Chirurgen. Assange wusste, dass ich an einem Stück über Schönheitschirurgie arbeitete. Monate später sollte sich diese Bekanntschaft als großer Gewinn für meine Arbeit erweisen.

Nachdem ich mich von Assange verabschiedet hatte, fragte ich seinen Mitarbeiter Joseph Farrell, ob das Treffen ernsthaft gefährdet sei. Joseph versicherte mir, dass das Interview auf jeden Fall stattfinden würde, Julian hätte einfach keine Ahnung von seinen Terminen. Ich solle mir keine Sorgen machen.

Am Dienstag traf ich mich schließlich mit Joseph und Chris an einem Bahnhof im Zentrum von London. Beladen mit schwerem Kameraequipment, nahmen wir den Regionalzug Richtung Kent. In Kent stiegen wir in ein Taxi. Das Taxi hielt lange bevor wir das Versteck erreicht hatten. Joseph wollte kein Risiko eingehen, wie er uns erklärte. Über etliche Umwege führte er uns zu der Adresse. Langsam wurden Chris und ich leicht paranoid. Wir fühlten uns wie in einem Spionagefilm, nur weniger glamourös. Es war ein ziemlich langer Fußmarsch und eine anstrengende Schlepperei bei schwülem Wetter. Als wir endlich das Haus betraten, erkannte ich im Erdgeschoss sofort die Räumlichkeiten wieder, in denen Assanges Talkshow »The World Tomorrow« gedreht worden war. Wir trafen auf Mitglieder von WikiLeaks, darunter auch Laura Poitras. Es herrschte eine angespannte Stimmung. Assange ließ sich nicht blicken. Wir wurden langsam ungeduldig.

Plötzlich überschlugen sich die Ereignisse. Es wurde uns mitgeteilt, es gäbe Hinweise darauf, dass sein Versteck aufgeflogen sei, Assange müsse dringend in Sicherheit gebracht werden. Hektik brach aus. Mit gefärbten Haaren, einem angeklebten Bart und einem Stein im Schuh, um seinen Gang zu verfremden, verließ Assange das Haus, stieg in ein Auto und fuhr davon, ohne dass wir etwas davon mitbekamen. Wenige Stunden später erfuhren wir über die Presse, dass er die Ecuadorianische Botschaft betreten hatte, um politisches Asyl zu beantragen. Im August 2012 wurde es ihm bewilligt. Seitdem lebt er in der Botschaft. Mittlerweile fast drei Jahre. Drei Jahre auf zwanzig

Angela Richter,
Julian Assange.
Foto: Oliver Abraham

Quadratmetern und ohne Sonnenlicht. Das geplatzte Treffen von damals hat er mehr als wiedergutgemacht. Seit August 2012 hat er mir unzählige Interviews gegeben, unsere Gespräche dauern bis heute an. Anfang September 2012 hatte mein Stück *Assassinate Assange* in Hamburg Premiere. Während der Probezeit war ich an drei Wochenenden in London, meist dauerten unsere Gespräche von acht Uhr abends bis fünf oder sechs Uhr am nächsten Morgen. Wenn ich während einer dieser Marathonsitzungen müde wurde, dachte sich Julian immer irgendetwas aus, um mich wieder fit zu machen – mal rauchten wir eine riesige Shisha (ein Geschenk des Al-Jazeera-Chefs), mal machte er mir Tee, mal verabreichte er mir Sauerstoff aus einer Taucherflasche, die für »Notfälle« in der Ecke stand. Sein unermüdlicher Enthusiasmus war ansteckend. Am Ende hatte ich Hunderte von Seiten Material. Die Gespräche wurden unter Hochdruck transkribiert, übersetzt und geprobt. Das Projekt war zur Premiere noch lange nicht fertig, es erwies sich als *work in progress*, ich konnte es Stück für Stück weiterinszenieren, bei jedem Gastspiel neu, in Berlin, Wien und schließlich am Schauspiel Köln.

In den Medien wird Assange in der Regel als fragwürdiger Charakter dargestellt, besonders von einigen ehemaligen Mitarbeitern und Journalisten. Wahrscheinlich ist es interessanter und sehr viel profitabler, ihn als durchgeknallten Freak darzustellen, genial zwar, aber narzisstisch, verrückt und hemmungslos. Wenn nichts anderes geht, wirft man ihm sogar mangelnde Tischmanieren vor. Mit dem Assange, den ich kennengelert habe, haben diese Darstellungen allerdings nichts zu tun. Ich habe ihn immer als großzügig, warmherzig, humorvoll und loyal erlebt. Er ist hochintelligent und engagiert, sein Mut ist erstaunlich. Er hat mit mir sein Wissen und sein Essen geteilt. Jeder Künstler, den ich kenne, ist wesentlich narzisstischer. Ich kann jedoch durchaus verstehen, weshalb viele Journalisten ihn hassen: Er lässt sie alle aussehen wie opportunistische Karrieristen und willfährige Kollaborateure.

Zu den Vorwürfen in Schweden habe ich mich zahllose Male geäußert, deshalb nur so viel: Ich halte Julian Assange nicht für einen Vergewaltiger und den ganzen Fall für äußerst fadenscheinig.

Ohne Assange und die Hilfe seiner Mitarbeiter wäre keines der Interviews entstanden, die ich in den letzten Jahren mit unzähligen Whistleblowern und Aktivisten geführt habe – ob mit Edward Snowden, Thomas Drake, William Binney, Jesselyn Radack oder Daniel Ellsberg.

Das Haus von Daniel Ellsberg liegt in Kensington, auf den Hügeln über Berkeley, von denen man einen guten Blick auf die Golden Gate Bridge hat. Ich habe Ellsberg, das große Vorbild der Whistleblower, der mit der Veröffentlichung der *Pentagon Papers* entscheidend zum Ende des Vietnamkriegs beitrug, am 5. Oktober 2014 dort besucht, um ein Interview mit ihm zu führen. Aus ein paar Stunden wurden drei Tage. Morgens machte er mir Omelette und sprang, während er aus seinem Leben erzählte, immer wieder auf, um mir einzelne Szenen und

Begegnungen vorzuspielen. Der 83-Jährige wirkte dabei wie ein hyperaktiver, charismatischer Junge. Wir sprachen über die *Pentagon Papers*, über Verrat und Widerstand, und irgendwann las er mir ein Sonett von Albrecht Haushofer vor, der an der Verschwörung vom 20. Juli gegen Hitler beteiligt war und später von der SS hingerichtet wurde. Die letzten Zeilen zitierte er auf Deutsch: »Ich hab gewarnt – nicht hart genug und klar! / Und heute weiß ich, was ich schuldig war …«

Als schwierigste Herausforderung erwies sich ein Treffen mit Edward Snowden. Es gelang mir nur dank der Hilfe von WikiLeaks, Sarah Harrison und den Menschenrechtsanwälten Renata Avila und Ben Wizner. Ich hatte ihm einen langen Brief geschrieben, der mit den Worten endete: »Du brauchst das Theater und die Kunst sicher nicht, aber die Kunst braucht Dich.« Die Nachricht, dass er eingewilligt hatte mich zu treffen, kam wieder sehr kurzfristig: Am 24. Februar 2015 wurde mir mitgeteilt, dass ich ihn am 27. Februar in Begleitung von Renata Avila treffen könne. Auf meine Frage, ob ich ihm etwas mitbringen solle, erreichte mich eine Wunschliste aus Russland: amerikanische Erdnussbutter und Knabbereien. Ich packte so viel in meinen Koffer wie ich tragen konnte. Um Snowden nicht zu gefährden, ist es mir an dieser Stelle nicht möglich, konkrete Details über das Treffen wiederzugeben. Nachdem ich eine halbe Stunde in der Lobby eines Moskauer Hotels gewartet hatte, tauchte er plötzlich auf – eine Schirmmütze tief ins Gesicht gezogen, den Jackenkragen hochgestellt. Er nickte mir zu, und wir bestiegen schweigend einen Aufzug. Als wir im Zimmer ankamen, legte er seine Mütze ab und ich war völlig verblüfft über sein extrem jugendliches Aussehen. Ich hatte nicht erwartet, dass er so zierlich ist, er wirkte wie ein Sechzehnjähriger auf mich. Er sah meine Überraschung, wir lachten und umarmten uns spontan. Ich übergab ihm die Geschenke, er freute sich und erklärte, dass es durch die Sanktionen sehr schwer geworden sei, in Russland an Erdnussbutter zu kommen.

Wir bestellten Essen und ich schaltete das Diktiergerät ein – ich hatte etwa fünf Stunden Zeit für das Interview. Er sprach ruhig, eloquent, wirkte mit einem Mal erwachsener. Nach dem Interview unterhielten wir uns über seine Situation, und er betonte mehrfach, wie sehr er sich wünschen würde, Asyl in Deutschland zu bekommen und dass er gerne in Berlin leben würde, wo inzwischen diverse Leute aus dem Umfeld der Whistleblower und Internetaktivisten im freiwilligen Exil leben. Ich schämte mich in diesem Moment für die deutsche und europäische Heuchelei, die feige Unterwürfigkeit gegenüber den USA. Wäre er ein russischer oder chinesischer Dissident, man würde ihm den roten Teppich ausrollen, da bin ich mir sicher. Der Abschied fiel mir nicht leicht. Als ich am gleichen Abend am Roten Platz spazieren ging, noch aufgewühlt von dem Gespräch, wurde nur wenige Hundert Meter entfernt der russische Oppositionelle Boris Nemzow erschossen. Es war eine unheilschwangere Nacht.

Zwei Interviews, die ich unbedingt persönlich, von Angesicht zu Angesicht, führen wollte, scheiterten, nicht am mangelnden Willen der Beteiligten, sondern an den Hürden des amerikanischen Gefängnissystems. Der Journalist Barrett Brown und der Hacker Jeremy Hammond sind zwar keine Whistleblower im klassischen Sinne, aber untrennbar mit dem Thema verwoben. Ihre Fälle fanden in Deutschland kaum Beachtung, und deshalb ist es mir ein besonderes Anliegen, ihnen in diesem Buch Gehör zu verschaffen. Es gelang mir schließlich, über das Gefängnis-E-Mail-System *CorrLinks* mit ihnen in Kontakt zu treten, und wir einigten uns darauf, dass ich ihnen meine Fragen schicke. Nur wenige Stunden nachdem mir Barrett Brown einen bemerkenswerten Essay als Antwort zugeschickt hatte, bekam ich folgende Nachricht aus dem Gefängnis: »This is a system generated message informing you the above mentioned federal inmate temporarily does not have access to messaging. You will receive notification when they are again eligible for messaging.«* Der Journalist Glenn Greenwald twitterte daraufhin, dass auch er diese Nachricht erhalten habe, nachdem er mit Brown über einen Beitrag verhandelt hatte, den dieser in den nächsten Monaten für die Nachrichten-Website *The Intercept* hätte schreiben sollen. Einen Tag später tauchte im Internet ein Statement von Brown auf: Nachdem man ihm zunächst erklärt hatte, es würde sich um ein technisches Problem handeln, gab man ihm schließlich zu verstehen, dass er durch übermäßigen Austausch mit Journalisten das E-Mail-System missbraucht habe, woraufhin ihm das FBI alle weiteren Kontakte für ein ganzes Jahr untersagt hat. Nachdem man ihn seiner Freiheit beraubt hatte, wurde ihm nun auch noch die Möglichkeit zur freien Meinungsäußerung genommen.

Die Antworten von Jeremy Hammond erreichten mich in letzter Minute. Der Hacker und Anarchist nimmt auch im Gefängnis kein Blatt vor den Mund, kritisiert schonungslos die herrschende Klasse und deren Geheimdienstapparat. Auf die Frage, wie er sich, wenn sein Leben ein Film wäre, das Ende vorstellen würde, hat er geantwortet: »Something like a modern day Bastille Day!«** Bleibt zu hoffen, dass ihm nicht das Gleiche wie Brown widerfährt und er den digitalen Zugang zur Außenwelt verliert.

In den letzten fünf Jahren habe ich vieles gelernt, war auf diversen In-ternet- und Hackerkonferenzen, besuchte u. a. zweimal die Biennale

---

* »Das ist eine automatisch generierte Nachricht, die Sie darüber informiert, dass der oben genannte Häftling zurzeit keinen Zugang zum Nachrichten-system hat. Sie werden benachrichtigt, sobald die Berechtigung dazu wieder besteht.«
** »So etwas wie eine moderne Variante des Sturms auf die Bastille«, siehe Inter-view mit Jeremy Hammond, S. 85.

HOPE *(Hackers on Planet Earth)* in New York und mehrfach den jährlich stattfindenden *Chaos Communication Congress* in Hamburg sowie den *Cyber Security Summit,** auf dem sich das Establishment trifft. Aktivisten und Hacker haben ihr Wissen mit mir geteilt. Ich habe mehrfach die Whistleblower William Binney, Jesselyn Radack und Thomas Drake getroffen, die in den letzten Jahren unermüdlich über die Massenüberwachung aufgeklärt haben, noch lange bevor Snowden auftauchte. Sie haben alle große berufliche und private Opfer auf sich genommen, um die Wahrheit zu enthüllen, ohne dass ihnen die verdiente öffentliche Beachtung zuteilgeworden wäre, die ja immer auch Schutz bedeutet. Als ich im Frühjahr 2015 schließlich die letzten Interviews mit ihnen führte, wurde mir klar, dass sie Snowden den Boden bereitet haben. Er hat mir erzählt, dass er ihre Fälle sehr genau studiert hatte, bevor er selbst zum Whistleblower wurde.

Ich werde oft gefragt, wie ich die Distanz zu meinen Interviewpartnern wahre, wie ich ihnen gegenüber objektiv bleibe. Meine Antwort lautet: gar nicht. Ich lege keinen Wert auf Objektivität, ich glaube nicht einmal, dass sie überhaupt existiert. Es ist eine reine Behauptung, die im Grunde eine freiwillige Begrenzung bedeutet, eine Reduktion der Möglichkeiten. Den Whistleblowern und Aktivisten bin ich mit unverhohlener Sympathie und Empathie begegnet, mit offenem Visier. Ich mache aus meiner Bewunderung für ihre Taten und ihren Mut keinen Hehl. Warum sollte ich auch? Ich bin keine Journalistin und ich möchte nicht, dass man mir die üblichen vorgefertigten Antworten präsentiert. Skepsis gebiert Skepsis. Misstrauen wird mit Misstrauen erwidert.

---

* Gemeinsam mit der Deutschen Telekom AG richtet die Münchner Sicherheitskonferenz seit 2012 jährlich den *Cyber Security Summit* in Bonn aus. (Anm. d. Red.)

Ein wichtiges Gespräch fehlt in diesem Buch. Bisher ist es mir leider nicht gelungen, Chelsea Manning im Gefängnis zu besuchen und zu interviewen, insofern ist dieses Buch in gewisser Weise unvollständig.

Durch das von Manning an WikiLeaks übermittelte Material haben wir nicht nur von den Schrecken der Kriege in Afghanistan und im Irak erfahren *(Collateral Murder, Afghan War Diary, Iraq War Logs)*, sondern auch einen umfassenden Einblick in die weltweiten diplomatischen und wirtschaftlichen Verwicklungen der USA erhalten *(Cablegate)*.

Durch die Begegnung mit Whistleblowern und Aktivisten wurde mein Weltbild auf den Kopf gestellt. Auch meine Haltung gegenüber den bewährten Mitteln der Subversion hat sich geändert. Ironie, früher ein machtvolles Werkzeug der künstlerischen Avantgarde, ist heute längst im Mainstream angekommen. Ob Theaterstück, Seifenoper, NPD-Parteitag, Feuilleton oder Talk bei Günther Jauch – kaum ein Format, das ohne Ironisierungen auskommt. Die subversive Kraft ist verschwunden, Ironie dient heute vielmehr dazu, den Status quo aufrechtzuerhalten.

Ich denke trotzdem nicht, dass man als Künstler auf das wertvolle Mittel des Humors und der Ironie verzichten sollte – aber vielleicht sollte man öfter den Mut haben, die Dinge beim Namen zu nennen, ohne sich hinter einem Witzchen zu verstecken. Zumindest jedoch müsste man radikal zu Ende denken, wie man Ironie überhaupt noch subversiv einsetzen kann. Als es um den Untertitel dieses Buches ging, dachte ich über zwei mögliche Varianten nach: das ironisierende »Gespräche mit Verrätern« oder »Gespräche mit Helden«. Ich entschied mich für das Letztere.

Angela Richter
Berlin, April 2015

DANIEL ELLSBERG

wurde am 7. April 1931 in Chicago geboren. Er studierte Wirtschafts-
wissenschaften an der Harvard University und schloss 1962 mit einer Promotion ab. Von 1954 bis 1957 diente er als Offizier in der
US-Marineinfanterie. Seit 1959 war Ellsberg als strategischer Analyst der militärischen Denkfabrik *RAND Corporation* tätig, die das
Verteidigungsministerium in Fragen der Kontrolle und des Einsatzes
nuklearer Waffen beriet. 1964 wechselte er direkt ins Verteidigungsministerium, wo er einem Beratungsstab angehörte, der sich mit dem
Vietnamkonflikt befasste. Er beteiligte sich als Kriegsstratege an der
Ausarbeitung geheimer Pläne, die auf eine Eskalation in Vietnam
abzielten und maßgeblich zum Kriegsausbruch im Frühjahr 1965 bei-
trugen. 1967 kehrte er in die *RAND Corporation* zurück, wo er Zugang
zu den *Pentagon Papers* hatte, die er 1971 der Presse zuspielte. Die
Veröffentlichung der *Pentagon Papers* enthüllte die jahrelange Täuschung der amerikanischen Bevölkerung über wesentliche Aspekte
des Vietnamkrieges. Ellsberg stellte sich dem FBI und musste sich vor
Gericht verantworten. Er wurde u. a. unter dem *Espionage Act* angeklagt, ihm drohten zeitweise 115 Jahre Haft. Der Prozess wurde 1973
für ungültig erklärt und Ellsberg freigesprochen. Die Veröffentlichung
der *Pentagon Papers* trug zum Ende des amerikanischen Engagements
im Vietnamkrieg bei.

Du und ich, Kassandra

Ein Gespräch mit Daniel Ellsberg

Angela Richter: Ich habe bislang schon einige Whistleblower interviewt, und eines finde ich höchst interessant und merkwürdig: Mit Ausnahme von Julian Assange sind alle überzeugte Amerikaner. Diese Art von »Patriotismus« erscheint Europäern seltsam, besonders uns Deutschen mit unserer Geschichte ...

Daniel Ellsberg: Das überrascht mich. Jeder von uns schwört einen Eid, die Verfassung der Vereinigten Staaten von Amerika aufrechtzuerhalten und gegen alle Feinde, von innen wie von außen, zu verteidigen. Wir leisten keinen Eid auf den Präsidenten oder auf Geheimhaltung oder darauf, unser Land zu verteidigen – wir schwören einen Eid auf die Verfassung. Es steht völlig außer Zweifel, dass George W. Bush und Barack Obama diesen Eid gebrochen haben, und zwar völlig ungeniert. Auch Snowden und Manning und ich selbst haben diesen Eid gebrochen – bevor wir Whistleblower wurden. Wenn man Zeuge eines Verbrechens wird, dann ist man verpflichtet, es entweder anzuzeigen oder zu vereiteln. Insofern sind wir unserem Eid in einer Weise nachgekommen, wie es Bush und Obama niemals taten. Man wird jedoch nicht dafür bestraft, dass man seinen Eid auf die Verfassung bricht, man wird dafür bestraft, dass man ihn *nicht* bricht, dafür, dass man die geheimen Verbrechen seiner Vorgesetzten öffentlich macht: die seiner Behörde, der Exekutive, des Kongresses oder des Präsidenten ... Die meisten Whistleblower überblicken am Anfang nicht, wie gravierend die Konsequenzen sein werden. Manche schon. Snowden wusste ganz genau, auf was er sich einließ. Chelsea Manning hat mich wirklich beeindruckt, als sie Adrian Lamo sinngemäß schrieb: »Es wäre nicht so schlimm, wenn ich lebenslänglich dafür ins Gefängnis muss oder hingerichtet werde. Das nehme ich in Kauf. Aber ich will nicht, dass mein Bild überall auf der Welt auftaucht – «

Richter: » – von mir als Junge«.

Ellsberg: Von ihr als Junge. Genau das ist passiert. Ihr schlimmster Albtraum wurde wahr.

Richter: War Dir damals klar, was auf dem Spiel stand? Wusstest Du, welches Risiko Du eingehst?

Ellsberg: Ja. Das wusste ich. Ich habe 7.000 Seiten streng geheime Dokumente kopiert. Ich ging davon aus, dass sie mich lebenslänglich ins Gefängnis stecken.

Richter: Insofern hattest Du letzten Endes ziemliches Glück.

Ellsberg: Ich hatte ein Riesenglück. Es war eine wundersame Fügung, wie man so sagt, die meinen Prozess beendet hat und dabei half, den Vietnamkrieg zu beenden. Weißt Du, heute werde ich sehr positiv dargestellt, als eine Art Gegenbeispiel zu Manning und Snowden. Das akzeptiere ich überhaupt nicht, ich identifiziere mich vollkommen mit den beiden. Sie sind genauso wenig Verräter wie ich. Das ist nur eine der vielen Beschimpfungen, mit denen wir bedacht worden sind. Früher dachte ich übrigens auch, »Whistleblower« wäre ein Schimpfwort.

Richter: So etwas wie »Verräter«, in diesem Sinn?

Ellsberg: In dem Zusammenhang kann ich eine interessante Geschichte erzählen: Mir wurde ein »Whistlerblower-Preis« verliehen –

vom Deutschen Wissenschaftsverband zusammen mit dem IALANA *(International Lawyers Against Nuclear Weapons)*, dem Internationalen Verband der Anwälte gegen Atomwaffen. Das war in den Neunzigern, glaube ich. Ich stand hinter der Bühne und wartete darauf, dem deutschen Publikum vorgestellt zu werden. Kurz bevor wir raustraten, fragte ich den Vorsitzenden des Bundesverwaltungsgerichts: Was ist das deutsche Wort für »Whistleblower«?

Richter: Das Wort gibt es nicht im Deutschen.

Ellsberg: Da sagt er: »Wir haben kein Wort dafür.« Also frage ich ihn: »Was käme dem im Deutschen denn am nächsten?« Er denkt kurz nach und sagt: »Verräter.« [Anm. d. Ü.: im Original auf Deutsch]

Richter: Verräter [im O. auf Deutsch], ja.

Ellsberg: Verräter… Ich habe ihn gefragt, ob ihm kein passenderes Wort einfiele. Da sagt er: »Petze.« [im O. auf Deutsch]

Richter: Petze! Ja, genau.

Ellsberg: »Tattletale«, »snitch!«* Das Wort hat dieselben Konnotationen in Amerika. Das Problem ist: Es gibt einfach keine Helden in der Mythologie, die dafür bekannt sind, dass sie die Wahrheit ans Licht gebracht haben. Ich habe Leute befragt, die sich mit Mythen und Metaphern auskennen. Ich habe ihnen gesagt, ich suche eine Figur, die als Vorbild dienen kann, sei es aus der Geschichte, aus Büchern oder aus der Mythologie. Jemand, der das tat, was wir getan haben, der die Geheimnisse des Stammes verriet, die Geheimnisse der Stam-

---

* Die englischen Entsprechungen zu »Petze«. (Anm. d. Ü.)

mesältesten, die Geheimnisse des Establishments – zum Wohle der Menschheit. Aber es gibt niemanden.

Richter: Ist das nicht interessant? Außer vielleicht Prometheus und Kassandra.

Ellsberg: Kassandra hat ja eigentlich keine Geheimnisse verraten, sie hat die Zukunft vorhergesagt – aber vielleicht ist das ja so etwas wie ein Geheimnis. Doch die Menschen glaubten ihr nicht.

Richter: Genau das war ihr Fluch.

Ellsberg: In diesem Punkt kann ich mich mit Kassandra identifizieren. Auch ich mache immer diese schrecklichen Dinge publik, mit denen wir uns dringend auseinandersetzen müssen und mir glauben die Leute auch nicht.

Richter: Nach katholischem Glauben offenbart sich gelegentlich die Jungfrau Maria – wie beispielsweise in Lourdes – und erzählt den Leuten Geheimnisse.

Ellsberg: Sie sagt die Zukunft voraus?

Richter: Genau. In Bosnien-Herzegowina gibt es zum Beispiel einen Ort namens Međjugorje. Mitte der Achtziger, also vor dem Krieg, ist dort angeblich die Muttergottes erschienen und hat sechs Kindern den jugoslawischen Bürgerkrieg vorausgesagt. Aber es war ein Geheimnis, sie durften es niemandem verraten.

Ellsberg: Es gibt da ein Gedicht von Robinson Jeffers, es heißt *Kassandra*. Mal sehen, ob ich es noch zusammenkriege:

The mad girl with the staring eyes and long white fingers
Hooked in the stones of the wall,
The storm-wrack hair and screeching mouth: does it matter,
Cassandra,
Whether the people believe
Your bitter fountain? Truly men hate the truth, they'd liefer
Meet a tiger on the road.
Therefore the poets honey their truth with lying; but religion-
Vendors and political men
Pour from the barrel, new lies on the old, and are praised for kind
Wisdom. Poor bitch be wise.
No: you'll still mumble in a corner a crust of truth, to men
And gods disgusting – you and I, Cassandra.*

Richter: Weißt Du, WikiLeaks und all das hat mein Leben verändert.
Ich wurde Aktivistin. Ich war schon immer politisch interessiert. Aber
es gab eine Phase, in der ich das Gefühl hatte, überhaupt nichts ausrichten zu können. Also bin ich Künstlerin geworden, weil ich mir dachte:
Wenigstens kannst du Kunst machen und dich so ausdrücken. Mir ging
es gut, ich war zufrieden, aber ich habe immer so eine Leere gefühlt.

---

* Das wahnsinnige Mädchen mit den starrenden Augen und den langen, weißen
Fingern, / Gekrallt in die Steine der Mauer, / Das sturmverwüstete Haar, der
kreischende Mund: Was macht es schon, Kassandra, / Ob die Menschen glauben / Deiner bitteren Quelle? Wahrlich, Menschen hassen die Wahrheit, sie
würden lieber / Einen Tiger auf der Straße treffen. / Deshalb versüßen Dichter
die Wahrheit mit dem Honig der Lüge; doch die Religions- / Verkäufer und
Politiker / Schütten aus dem Fass immer neue Lügen auf die alten, und werden gepriesen für ihre gütige / Weisheit. Elende Hündin, sei klug. / Nein, du
wirst weiter in einer Ecke an deiner Kruste Wahrheit kauen, Menschen / Und
Göttern zum Ekel. – Du und ich, Kassandra. (Übersetzung: Julian Pörksen)

Ellsberg: Das ist ein guter Grund, Aktivistin zu werden.

Richter: Und dann kamen WikiLeaks und die Manning-Enthüllungen. Da dachte ich: Man kann *doch* etwas tun.

Ellsberg: Ich habe vierzig Jahre auf Manning gewartet. Deshalb war ich auch so begeistert, als sie aufgetaucht ist. Und dann, nur drei Jahre später: Snowden!

Richter: Ich war entsetzt, als ich erfahren habe, wie viele Leute Zugang zu dem Material hatten, das schließlich von Manning geleakt wurde. Millionen! Und sie ist die Einzige, die es an die Öffentlichkeit gibt?!

Ellsberg: Menschen tun alles, um die Zugehörigkeit zu ihrer Gruppe nicht zu verlieren, selbst wenn ihnen klar wird, dass sich diese Gruppe nicht mehr anständig verhält, dass sie in dunkle Machenschaften verstrickt oder kriminell geworden ist. Sie können den Gedanken nicht ertragen, aus dieser Gruppe ausgeschlossen und gesellschaftlich geächtet zu werden. Kaum einer ist bereit, das auf sich zu nehmen. Die meisten machen einfach mit.

Richter: Du hast nicht mitgemacht. Du hast Dich entschieden, die Regierung bloßzustellen und die *Pentagon Papers* zu veröffentlichen. Hattest Du dabei Unterstützung?

Ellsberg: Anthony Russo, ein Freund von mir, hat mich unterstützt. Er war ein überzeugter Kriegsgegner und hatte Fälle von Folter in Vietnam offengelegt. Seine Freundin hatte eine kleine Werbeagentur, in der ein Kopierer stand. Russo half mir sechs- oder siebenmal beim Kopieren – danach habe ich alleine weitergemacht, über ein Jahr lang. Als alles herauskam, weigerte er sich, gegen mich auszusagen. Um ihn zu bestrafen, haben sie ihn zum Bestandteil der Anklage gemacht, später wurden die Anklagepunkte jedoch fallengelassen.

Richter: Was für Auswirkungen hatte die Veröffentlichung der *Pentagon Papers*?

Ellsberg: Was sich als extrem wirkungsvoll erwies, war Nixons begründete Angst, ich könnte neben den *Pentagon Papers* noch weitere Dokumente haben – Dokumente über seine Regierung und deren geheime Pläne, den Vietnamkrieg eskalieren zu lassen. Dem Norden sollte mit einem nuklearen Vernichtungsschlag gedroht werden, falls er seine Truppen nicht vollständig aus dem Süden abziehen und so die Vorherrschaft des proamerikanischen Regimes gewährleisten würde. Nixon hatte Grund zu der Annahme, mir lägen Dokumente vor, die diese Drohungen belegen – was nicht der Fall war. Die Verbrechen, die er gegen mich verübte, sollten mich daran hindern, weiteres Material zu veröffentlichen.

Richter: Was waren das für Verbrechen?

Ellsberg: Als Erstes wurde in seinem Auftrag in die Praxis meines Psychoanalytikers eingebrochen, um dort Informationen zu finden, mit denen er mich erpressen oder meinen Ruf zerstören könnte. Aber er fand nichts Geeignetes. Er bekam zwar heraus, dass ich eine Zeit lang Swinger war, aber einer seiner Leute sagte: Das würde Ellsberg nur noch beliebter machen. Tja, das haben sie also nicht veröffentlicht. Mein Psychoanalytiker hat mir erst nach dem Prozess erzählt, dass das FBI in seine Praxis eingebrochen war. Er hatte ein Magengeschwür bekommen, weil er es mir nicht sagen konnte. Er fühlte sich schuldig.

Richter: Sehr viele Leute, mit denen Du Dich wegen der *Pentagon*

Papers beraten hast, gaben Deinen Namen preis. Gab es denn keine Übereinkunft, Deine Anonymität zu bewahren?

Ellsberg: Oh, alle, mit denen ich zu tun hatte – die Senatoren und Repräsentanten und Neil Sheehan von der *New York Times* –, versprachen mir, dass niemand meinen Namen erfahren würde.

Richter: Es hat sich keiner an sein Versprechen gehalten.

Ellsberg: Nein, keiner von ihnen. Also habe ich mich zu erkennen gegeben.

Richter: Warum?

Ellsberg: Aus demselben Grund wie Snowden. Uns war klar, dass andere verdächtigt und vielleicht sogar angeklagt würden, und zwar aufgrund von Indizienbeweisen. Ich wollte in der Lage sein, notfalls auch am Lügendetektor ganz klar zu sagen: »Ich habe alleine gehandelt.«

Richter: Seither fällt es Dir bestimmt schwer, Menschen zu vertrauen?

Ellsberg: Nein.

Richter: Nein?

Ellsberg: Nein.

Richter: Was geschah dann am 3. Mai 1972?

Ellsberg: Ich sollte außer Gefecht gesetzt werden. Sie wollten mich auf den Stufen des Kapitols zusammenschlagen, vielleicht sogar ermorden.

Abgehört wurde ich damals übrigens auch. Als schließlich herauskam, dass diese Leute eine Verbindung zu Watergate hatten, befürchtete Nixon, sie würden einen Deal mit der Staatsanwaltschaft machen und ihre Verbrechen gegen mich gestehen. Also bestach er sie. Sie sollten Meineid begehen und leugnen, vorher je etwas in seinem Auftrag ausgeführt zu haben ... Dieses Geflecht aus Lügen und Verbrechen führte letztendlich zu Nixons Untergang, der Krieg konnte beendet werden, und das war die Hauptsache. Auch mein Prozess wurde deshalb eingestellt.

Richter: Also war es nicht der Inhalt der *Pentagon Papers*, der die größte Wirkung gezeigt hat, sondern die Verbrechen, die die Regierung gegen Dich verübt hat?

Ellsberg: Ja, in gewisser Weise schon. Natürlich hatten die *Pentagon Papers* eine Auswirkung auf die öffentliche Meinung, es wurde viel diskutiert. Aber Nixon war die öffentliche Meinung egal, der Krieg ging weiter und weitete sich im darauffolgenden Jahr sogar noch aus. In dieser Hinsicht waren die *Pentagon Papers* also ein totaler Reinfall. Hätte Nixon nicht geglaubt, ich hätte weiteres Material, dann wäre nichts passiert – es wären keine Verbrechen gegen mich verübt worden, ich wäre lebenslänglich ins Gefängnis gewandert und der Krieg wäre weitergegangen. Ähnlich ist es Manning ergangen. Sie hatte sich eine rege Diskussion in diesem Land erhofft, und es gab auch Diskussionen, in einem gewissen Umfang. Auf die Politik hatten die Veröffentlichungen jedoch keinen Einfluss und der Krieg im Irak ging weiter.

Richter: In Europa hat das Video *Collateral Murder* eine weitaus größere Wirkung auf die Menschen gehabt als die Dokumente.

Ellsberg: Leider muss ich sagen, dass – obwohl das Video sehr beeindruckend war und es viele Menschen gesehen haben – die Wirkung in Amerika eher gering war. Und dafür gibt es möglicherweise auch einen Grund.

Richter: Und der wäre?

Ellsberg: Meine Erklärung lautet: Manning – und Assange – machen öffentlich, was wir anderen Völkern angetan haben. Die menschliche Fähigkeit, sich darum zu sorgen, was die eigene Gruppe oder Nation anderen Völkern antut, ist jedoch sehr begrenzt. Snowden hat deshalb eine solche Riesendebatte losgetreten, weil er auf etwas aufmerksam gemacht hat, was die NSA den eigenen Bürgern antut, im eigenen Land. Das hat die Leute viel mehr aufgeregt. Ich bin mir jedoch sicher, dass er weit mehr wollte: Es ging ihm darum, die gesamte Vorgehensweise zu verändern Und *vielleicht* ändert sich ja auch. Es gibt viele Reformvorschläge.

Richter: Ja, die gibt es.

Ellsberg: Aber geändert hat sich bisher noch nichts. Und mit großer Wahrscheinlichkeit wird sich auch nichts ändern. Die Überwachung wird weitergehen, und der Kongress wird es dulden, besonders jetzt, mit dem IS. Wir haben ein System, das permanent Krieg will. Es sucht nach einem Gegner. Der IS ist ein ziemlich überzeugender Gegner. Zwar greift er die Vereinigten Staaten nicht an, zumindest nicht, bis wir ihn angreifen… Es ist ein Krieg, den man nicht gewinnen kann.

Richter: Bist Du Optimist?

Ellsberg: Ich glaube, es besteht eine Chance, dass wir einen Nuklearkrieg oder eine Klimakatastrophe verhindern. Allerdings ist diese Chance sehr gering. Was das Klima angeht, müssten Maßnahmen ergriffen werden, die höchstwahrscheinlich niemand ergreifen wird. Um eine endgültige Katastrophe zu verhindern, müssten mindestens achtzig Prozent der Rohstoffvorkommen an Öl, Gas und Kohle im Boden verbleiben. Diese Vorkommen gehören allerdings den reichsten und mächtigsten Konzernen der Welt, die von der Förderung und dem Verkauf dieser Ölvorkommen leben. Wie groß ist die Wahrscheinlichkeit, dass sich diese Konzerne zum Wohle zukünftiger Generationen entschließen, das Zeug im Boden zu lassen? Streng genommen wird sich die Erde in einigen Jahrtausenden wieder erholen. In ihrer Geschichte ist das eine sehr kurze Zeitspanne. Die Dinosaurier haben sich verabschiedet, wir sind gekommen, und auch wir werden irgendwann wieder gehen. Und meinetwegen müssen keine Überbleibsel von uns fortbestehen. Die Menschheit hatte ihre Stunde.

Richter: Die WHO *(World Health Organization)* hat Testverfahren, mit denen sich feststellen lässt, ob jemand psychisch krank ist. Da Firmen in Amerika als juristische Personen gelten, hat man einige Firmen einem solchen Test unterzogen. Weißt Du, was dabei herauskam?

Ellsberg: Psychopathen?

Richter: Ja, genau! Was kann man schon erwarten, wenn Psychopathen die Welt regieren! Wusstest Du übrigens, dass Assange mit der Veröffentlichung von Wirtschaftsgeheimnissen angefangen hat?

Ellsberg: Ich weiß, ja. Und ich bin mir sicher, dass in diesen Energiekonzernen Untersuchungen existieren, die wissenschaftlich genau belegen, welche Auswirkungen ihr Verhalten auf das Klima hat. So wie die Tabakkonzerne ganz genau wussten, welche Schäden durch das Rauchen verursacht werden. Ihnen lagen alle Untersuchungen zu Krebs und Abhängigkeit vor. Und zwei Whistleblower – zwei von Tausenden, die diese Studie kannten – haben sie veröffentlicht und die amerikanische Tabakindustrie grundlegend verändert. Die Energiekonzerne haben Hunderte Millionen Dollar in Stiftungen und dergleichen investiert, die bestreiten, dass die Klimakatastrophe real ist. Wenn nun herauskäme, dass sie die Wahrheit kannten und die Daten gefälscht haben, dann gäbe es die Chance, dass die Leute etwas unternehmen würden. Eine große Chance? Nein. Das sind sehr mächtige Konzerne. Man kann sie zwar bloßstellen, aber sie sind nicht aus Zucker und lösen sich einfach in Wohlgefallen auf. Aber helfen würde es trotzdem.

Richter: Deswegen ist WikiLeaks so eine gute Idee. Es erlaubt Whistleblowern, anonym zu bleiben.

Ellsberg: Genau deshalb ist WikiLeaks so wichtig. Es gibt keinen besseren Weg, als die Machenschaften einer Organisation als Interner aufzudecken, wie Snowden oder Manning. Man wird dazu allerdings nicht gerade ermutigt, denn letztendlich steht man vor der Frage: Was ist man bereit zu riskieren? Diejenigen, die wissen, was vor sich geht, wollen keine Risiken eingehen. Der Preis ist den meisten zu hoch. Gleichzeitig steht jedoch so viel auf dem Spiel. Sollte man nicht bereit sein, die eigene Freiheit, vielleicht sogar das eigene Leben zu riskieren, wenn man damit einen laufenden Krieg beenden kann – so wie Manning? Oder wenn man, wie Snowden, dadurch verhindern kann, dass die Verfassung missbraucht und das eigene Land in einen Polizeistaat verwandelt wird? Ich glaube, ich habe den folgenden Satz geprägt: »Für diesen Krieg lohnt es sich, sein Leben aufs Spiel zu setzen.« Snowden, Manning und ich, wir haben unser Leben aufs Spiel gesetzt. Und unsere Freiheit, was unter Umständen schlimmer sein kann.

Richter: Du warst in den letzten vierzig Jahren ziemlich häufig im Gefängnis.

Ellsberg: Ich mache das, weil sich ziviler Ungehorsam für mich als wirksam erwiesen hat. Und ich möchte andere ebenfalls dazu ermutigen. Ich bin bisher 85-mal verhaftet worden. Meist gelangte nichts davon an die Öffentlichkeit. Manchmal schon. Und man lernt tolle Leute kennen. Zugegeben, ich mache es auch, weil es mir Spaß macht – wegen der Leute, die mit einem verhaftet werden und die man im Gefängnis kennenlernt.

Richter: Hast Du Vorbilder, historische Persönlichkeiten, an denen Du Dich orientierst?

Ellsberg: Natürlich. Ich habe Thoreau, Martin Luther King und Gandhi gelesen, alles Menschen, die nach denselben Prinzipien gelebt haben wie ich: Dass man sich schuldig macht, wenn man mit dem Bösen zusammenarbeitet, und dass man durch Schweigen zum Mittäter wird. Ist dir Albrecht Haushofer ein Begriff?

Richter: Nein.

Ellsberg: Er war Professor der Politischen Geographie und Geopolitik, Theaterautor und Dichter, der am Hitler-Attentat vom 20. Juli beteiligt war. Er kannte zwar die Pläne nicht, war aber als Kurier an der Verschwörung beteiligt. Als das Attentat fehlschlug, floh Haushofer in das Haus seiner Mutter irgendwo in den Alpen, in der Hoffnung, man würde ihn dort nicht finden. Letztlich fand ihn die SS aber doch und er kam ins Gefängnis. Sein Prozess wurde immer wieder verschoben, weil bei einem britischen Luftangriff die Gerichtsakten zerstört worden waren. Ich glaube sogar, der Richter, der seinen Prozess leiten sollte, kam dabei ums Leben. Also steckte man ihn in ein Gefangenenlager in Moabit. Zwei Wochen vor Kriegsende wurde er, zusammen mit ein paar weiteren Gefangenen, entlassen. Kaum waren sie draußen, wurden sie von SS-Leuten mitgenommen und auf einem nahe gelegenen Feld erschossen. Haushofers Bruder erfuhr davon und machte sich auf die Suche nach der Leiche seines Bruders. Er fand ihn, in einen dicken Mantel gehüllt, die Hand in der Manteltasche. In der gefrorenen Hand hielt er Sonette, achtzig Stück, die er im Gefängnis verfasst hatte. Sie wurden später als die *Moabiter Sonette* veröffentlicht. Das hier ist eines davon, es heißt *Schuld* [Anm. d. Ü.: im O. auf Deutsch]:

Ich trage leicht an dem, was das Gericht
mir Schuld benennen wird: an Plan und Sorgen.
Verbrecher wär' ich, hätt' ich für das Morgen
des Volkes nicht geplant aus eigner Pflicht.

Doch schuldig bin ich anders als ihr denkt,
ich mußte früher meine Pflicht erkennen,
ich mußte schärfer Unheil Unheil nennen –
mein Urteil hab ich viel zu lang gelenkt …

Ich klage mich in meinem Herzen an:
Ich habe mein Gewissen lang betrogen,
ich hab mich selbst und andere belogen –

ich kannte früh des Jammers ganze Bahn –
ich hab gewarnt – nicht hart genug und klar!
Und heute weiß ich, was ich schuldig war ...*

Richter: Das ist sehr schön.

Ellsberg: Ich hab gewarnt – nicht hart genug und klar! / Und heute
weiß ich, was ich schuldig war ...

*Das Gespräch wurde vom 5. bis 7. 10. 2014 in Kensington (San Francisco
Bay Area) geführt.*
Übersetzung: Mirga Nekvedavicius

* In: Albrecht Haushofer: *Moabiter Sonette*, München 2012. © Verlag C. H. Beck

JULIAN PAUL ASSANGE

geboren am 3. Juli 1971 in Townsville, Australien. Als 16-Jähriger sammelte Assange unter dem Pseudonym *Mendax* erste Erfahrungen als Hacker. 1992 musste er sich für einige der Hacks vor Gericht verantworten und wurde in 24 Fällen für schuldig befunden, was ihm Bußgeldzahlungen und eine Bewährungsstrafe einbrachte. Sein Studium der Mathematik und Physik an der University of Melbourne brach Assange aus Protest gegen einen Partnerschaftsvertrag ab, den die mathematische Fakultät mit dem Militär eingegangen war. 2006 gründete er die Whistleblower-Plattform WikiLeaks, deren Herausgeber er ist, und veröffentlichte den manifestartigen Aufsatz *Conspiracy as Governance*. 2010 veröffentlichte WikiLeaks die bis dahin brisantesten Dokumente: das Video mit dem Titel *Collateral Murder*, das *Afghan War Diary*, die *Iraq War Logs* und die Diplomatischen Depeschen *(Cablegate)*. Seither ermittelt das FBI gegen Assange und die Plattform, die Behörden werfen ihm u. a. Spionage, Diebstahl, einen Verstoß gegen den *Computer Fraud and Abuse Act* und Verschwörung vor – ihm drohen 45 Jahre Haft. In der amerikanischen Öffentlichkeit wurde mehrfach die Tötung Assanges gefordert. Nachdem im Herbst 2010 in Schweden Vergewaltigungsvorwürfe gegen ihn erhoben worden waren, bereitete sich sein Gastland Großbritannien auf eine Auslieferung vor. Da Assange befürchtete, von Schweden an die USA ausgeliefert zu werden, floh er am 19. Juni 2012 in die Ecuadorianische Botschaft in London und bat um politisches Asyl, was ihm auch gewährt wurde. Er hat seitdem die Botschaft nicht mehr verlassen.

Die Religion der Nationalen Sicherheit

Ein Gespräch mit Julian Assange

Angela Richter: Wo warst Du am 11. September? Wie hast Du dieses Ereignis erlebt?

Julian Assange: Ich war gerade in Melbourne. Den Einschlag des ersten Flugzeugs ins World Trade Center habe ich nicht gesehen, aber den zweiten – und mir war in diesem Moment klar, dass es sich um einen Terroranschlag handelte. Obwohl ich mit den Menschen im Gebäude Mitleid hatte, war mein erstes Gefühl doch Erstaunen. Es war einige Jahre her, dass mich etwas überrascht hatte, wirklich überrascht. Es sind zwar auch vorher Dinge passiert, die ich nicht vorhergesehen hatte, aber das waren immer nur Kleinigkeiten. Dieser Anschlag war jedoch etwas, womit ich überhaupt nicht gerechnet hatte, etwas wirklich Ungewöhnliches. Ein Großereignis von weltweiter Bedeutung, das ich nie vorhergesehen hätte. Es war auf einer bestimmten Ebene aufregend, dass es plötzlich eine neue Wirklichkeit gab, mit der ich mich auseinandersetzen musste.

Richter: Hast Du vorhergesehen, was kommen würde? Die Folgen der Ereignisse?

Assange: In groben Zügen, ja. Schon Minuten nach dem Einschlag des zweiten Flugzeugs war mir klar, dass ein massiver Angriff auf bürgerliche Freiheitsrechte die Folge sein würde. Und ein Gegenschlag, möglicherweise im Irak, möglicherweise in Afghanistan. Ich hatte schon damals ein paar Artikel über die National Security Agency veröffentlicht. Aufgrund einer Analyse der von der NSA angemeldeten

Patente und der vorhandenen Technologie hatte ich vorausgesagt, dass es innerhalb weniger Jahre dazu kommen wird, dass in den Eingeweiden der Behörde Kommunikation erfasst und gespeichert werden wird. Ich hatte also eine recht gute Vorstellung davon, was die NSA damals bereits machte. Nicht im Detail, aber im Groben und Ganzen.

Richter: Was hat sich nach den Anschlägen innerhalb der NSA verändert?

Assange: Nach 1975 und den Empfehlungen des Church Committee wurde es zum Mantra innerhalb der NSA, dass amerikanische Bürger nicht ausspioniert werden, es sei denn, es gibt einen Gerichtsbeschluss. Das hat sich mit dem 11. September geändert. Von nun an musste man sich auch in Amerika nicht mehr auf die gezielte Überwachung Einzelner beschränken, von nun an war es möglich, auch die amerikanische Bevölkerung im großen Stil zu überwachen. Mit dem Rest der Welt hatte man das ohnehin die ganze Zeit gemacht – scheiß auf ihre Rechte.

Richter: Das ist wirklich unfassbar arrogant.

Assange: In gewisser Hinsicht ist es ein Problem der Ersten Welt. WikiLeaks hat im Lauf der Jahre eine Menge Material veröffentlicht, darunter auch die Dokumente, die angeblich von Chelsea Manning (und verbundener Quelle) stammen. Diese Dokumente zeigen, was die Vereinigten Staaten Menschen außerhalb der USA angetan haben – im Irak, in Afghanistan, in Guantánamo. Und sie geben Einblick in die weltweiten diplomatischen Aktivitäten der amerikanischen Regierung. Letztendlich wird ersichtlich, wie Menschen dunkler Hautfarbe von den USA beraubt, beherrscht, getötet und verstümmelt werden und wie die Amerikaner üble Marionettenregime unterstützen.

Snowdens Enthüllungen unterscheiden sich in mehrfacher Hinsicht: Erstens waren jetzt auch Menschen in den Vereinigten Staaten betroffen. Zweitens gehören zu diesen Betroffenen – innerhalb und außerhalb der USA – Journalisten, Medienleute, die weiße Mittelschicht. Drittens waren sie zu diesem Zeitpunkt bereits politisiert, teils auch durch den Konflikt um WikiLeaks. Dieser Konflikt hatte eine starke Basis von Unterstützern hervorgebracht, mit einem ausgeprägtem Bewusstsein für Fragen der Zensur etc. Es gab inzwischen ein viel größeres Netzwerk – uns eingeschlossen –, das sich dafür einsetzte, dass die Snowden-Dokumente ernst genommen wurden.

Richter: Eine große Schwierigkeit, der man bei der Auseinandersetzung mit der Überwachungsproblematik begegnet, ist das Ausmaß an Abstraktion: Überwachung ist unsichtbar, und es ist sehr schwer zu begreifen, was eigentlich vor sich geht und welche Folgen es haben könnte …

Assange: Massenüberwachung ist in gewisser Hinsicht wie HIV. Bei einer normalen Krankheit funktioniert dein Immunsystem ganz von allein. Es bemerkt die Krankheit, es versteht und bekämpft sie. Infiziert man sich mit Streptokokken-Bakterien, Epstein-Barr-, Herpes- oder anderen Viren dieser Art, ist dein Immunsystem zur Stelle und findet einen Weg. Ein bisschen Fieber, ein paar Antikörper und weiße Blutkörperchen, und der Gegenangriff beginnt. HIV dagegen greift die T-Zellen an, und damit das Immunsystem selbst. Es ist ein Virus, der das angreift, was ihn bekämpfen soll. Das Internet und die Massenüberwachung sind insofern damit vergleichbar, als wir es mit einer Art Neuorganisation oder Infektion des Denksystems der gesamten Menschheit zu tun haben, der Art und Weise, wie die Menschheit mit sich selbst kommuniziert, wie die Gesellschaft denkt. Es ist so, als würden alle gleichzeitig LSD nehmen. Jeder einzelne Mensch auf der

Welt. Denn die Wahrnehmung jedes Einzelnen, die gesamte Kommunikation sind davon betroffen.

Richter: Die Menschen verändern sich, ihr Denken verändert sich ... Auf der Bühne lässt sich das nur schwer darstellen. Das gilt für das Internet, ganz zu schweigen von der Überwachung und der Katastrophe, die daraus erwachsen kann. Es ist nicht leicht, dafür die passende Visualisierung, die richtige Metapher zu finden.

Assange: Nietzsche ist berühmt für seinen Ausspruch: Gott ist tot. Ich glaube aber, dass Gott wieder am Leben ist. Und dieser Gott ist der Nationale-Sicherheits-Massenüberwachungs-Internet-Gott. In den Vereinigten Staaten gibt es eine neue Staatsreligion: die Religion der Nationalen Sicherheit. Es ist ein Staat im Staat – etwa 5,5 Millionen Menschen haben *full security clearance*, die höchste Sicherheitsfreigabe. Und dann gibt es noch eine erweiterte Peripherie, das sind vielleicht noch mal zwei- bis dreimal so viele. Es gibt die heiligen Schriften, die niemals entweiht werden dürfen – das sind die klassifizierten Dokumente. Und es gibt unterschiedliche Orden, die den unterschiedlichen Sicherheitsfreigaben entsprechen. Man wird indoktriniert – wortwörtlich, indoktriniert, in diese Hierarchie der Sicherheitszulassungen. Über die Offenbarungen in den heiligen Akten darf man nur mit Leuten reden, die der selben oder einer höheren Sicherheitsstufe angehören. Es werden ausgefeilte Rituale gepflegt, wie das Falten der Flagge, das man mit den USA verbindet. Und sie senden eine heilige Elite von Gotteskriegern hinaus in die Welt. Die Parole lautet: »Wir gegen die Anderen.« Die Gläubigen, die dem System Treue geschworen haben, gegen all jene, die nicht Teil des Systems sind. Und ihr Gott ist allsehend, allwissend, er ist allgegenwärtig und allmächtig. Es ist das Äquivalent zu: Jesus ist in dir. Wo immer du bist, er ist da. Er wacht über dich. Du kannst ihm nicht entkommen. Dieser Gott, der bislang nur im Inneren des Nationalen Sicherheits-Kultes verehrt wurde, ist entkommen und hat sich dem Rest der Menschheit offenbart. Von diesem sozusagen theologischen Standpunkt aus betrachtet – das ist selbstverständlich nur eine Analogie – sind die Enthüllungen über die NSA eine Katastrophe, eine absolute Katastrophe. Denn sie haben bewirkt, dass jetzt viel mehr Menschen an diesen Gott glauben, an diesen speziellen Gott. Der Trick mit diesen abrahamitischen Konzepten eines allmächtigen Gottes ist: Ein Priester bekommt Macht durch die Behauptung, mit »Ihm« in Verbindung zu stehen. Er sagt, Gott wisse alles über jeden. Hältst du dich nicht an die Regeln, die ich dir gegeben habe, wird Gott das wissen. Also lass es besser sein. Das ist der älteste, fadeste Trick der Welt.

Richter: Nach dem Anschlag auf *Charlie Hebdo* brach in Europa die Hölle los. Eigentlich war abzusehen, dass so etwas passieren würde, aber alle riefen sofort: Wir brauchen mehr Überwachung! Andererseits hat das System bislang noch keinen Terroranschlag verhindert …

Assange: Verglichen mit anderen Todesursachen ist die tatsächliche Anzahl von Terroranschlägen und der dadurch getöteten Menschen sehr niedrig. Verschwindend gering. Die verschiedenen Nachrichtendienste und ihre Vertragspartner schüren die Paranoia des Establishments und der Allgemeinheit an und lenken erfolgreich Ressourcen zugunsten ihrer eigenen Aufgabenbereiche und Machtpositionen um. Die Angst vor Terrorismus wird benutzt, um geopolitische Spionage, Wirtschaftsspionage und so weiter zu rechtfertigen.

Wenn man sich damit auseinandersetzen möchte, was gerade in Europa passiert, dann ist es meiner Ansicht nach deutlich interessanter, sich damit zu beschäftigen, wie diese Probleme von Regierungen und dem westlichen Establishment gesehen werden. Durch welche

Maßnahmen glauben sie, die Gefahr des »islamistischen Terrorismus« eindämmen zu können? Eine Möglichkeit, die sie in Erwägung ziehen könnten, wäre ein Einwanderungsstopp. Dadurch würden allerdings die Löhne steigen. Einwanderung wird nur geduldet, weil dadurch die Löhne niedrig bleiben. Die Konzerne und ökonomische Machtzentren werden sich dieser Option natürlich widersetzen, sie kommt also nicht in Betracht. Was könnte man noch tun? Na ja, zum Beispiel könnte man aufhören, in Syrien rumzufuschen, Libyen plattzumachen, hinter den Ölstaaten her zu sein und sich auf Kriege und gezielte politische Destabilisierung einzulassen. Krieg ist ein Riesengeschäft, an dem sich eine Menge Leute eine goldene Nase verdienen. Vergiss nicht, dass Amerikas Verbündete wie Saudi-Arabien und Katar die Spaltung zwischen Sunniten und Schiiten befeuern und »islamistische Extremisten« in Syrien und Libyen mit Geld und Waffen beliefern. Europa, Frankreich, die Türkei, die USA und Großbritannien fördern dieses Geschäft. All der Tod und die Zerstörung schüren den Hass in der muslimischen Welt. Diese Einmischungen zu unterlassen wäre also eine weitere Option. Aber das werden sie auch nicht wollen. Man kann also die Grenzen dicht machen, verliert dadurch aber billige Arbeitskräfte, oder man hört auf, in der muslimischen Welt herumzufuschen. Vielleicht gibt es jedoch noch eine dritte Option: Man behält die billigen Arbeitskräfte, fährt fort, sich überall einzumischen, und verstärkt einfach die Überwachung. Wir müssen alle unsere Privatsphäre opfern, das erscheint ihnen immer noch besser, als gegen große Konzerne vorzugehen oder sich in ihren imperialistischen Abenteuern zu beschränken. Darauf läuft es also hinaus.

Richter: Apropos Krieg: Ist so was wie ein »gerechter Krieg« überhaupt möglich?

Assange: Nein. Krieg ist niemals gerecht. Das liegt in seiner Natur.

Das Grundmotiv eines Krieges kann in gewissem Sinne gerecht sein: Verteidigung gegen einen Angreifer, zum Beispiel. Wenn jemand einem gewaltsam Haus, Land und Nachbarn nehmen will, ist es sicher sinnvoll, sich zu verteidigen. Doch die Verteidigung selbst bringt zahllose ungerechte Taten hervor. Selbst ein Krieg, der gerecht erscheinen mag, ist voll von Elend, Tod und Barbarei. Krieg macht die Menschen selbst barbarisch. Interessanterweise finden sich in den letzten hundert Jahren nicht viele Fälle, in denen Demokratien sich ohne Vorspiegelung falscher Tatsachen auf einen Krieg eingelassen haben. Fälle ohne Tonkin-Zwischenfall oder angebliche Massenvernichtungswaffen. Das halte ich für ein ausgesprochen positives Zeichen. Die Leute wollen eigentlich keinen Krieg. Man kann sie nur durch Lügen zum Krieg bewegen.

Richter: Ist also die Wahrheit ein Mittel zum Frieden?

Assange: Hat der Krieg erst mal begonnen, ist das wahrscheinlich deutlich schwieriger. Wenn aber die Wahrheit herauskommt über die Lügen, die vor dem Krieg verbreitet wurden, ist es schon möglich.

Richter: Ist das die Idee hinter WikiLeaks? Die Gesellschaft mithilfe der Wahrheit zum Frieden zu bewegen?

Assange: Wir betreiben, was ich »wissenschaftlichen Journalismus« nenne. Das heißt: Wir veröffentlichen Analysen. Aber wir veröffentlichen unsere Analysen immer zusammen mit den primären Informationsquellen, auf denen sie beruhen. Wir machen sie vollständig zugänglich, damit man das Zustandekommen unserer Analysen nachvollziehen kann. An dem Begriff »Zivilisation« interessiert mich vor allem der Wortteil »Zivil«. Dieser »zivile« Aspekt basiert in erster Linie darauf, dass wir aus unseren Fehlern und aus den Erfahrungen anderer lernen und diese Erkenntnisse auf die Gegenwart anwenden. Es gibt also meiner Meinung nach einen Idealzustand, der eingetreten ist, wenn jeder Mensch uneingeschränkten Zugang zu der gesamten Geschichte der Welt hat. Geschichte darf nicht manipuliert, zensiert, gelöscht oder unvollständig überliefert werden. Wenn wir danach streben, perfekte politische oder philosophische Theorien zu entwickeln, muss zuerst das Wissen, das diesen Theorien zu Grunde liegen soll, komplett zugänglich sein. Es handelt sich also um einen Idealzustand, der die Entwicklung von Idealen ermöglicht. Solange wir nicht die idealen Voraussetzung geschaffen haben, um Ideale zu erschaffen, werden alle abgeleiteten Ideale unvollständig sein.

Richter: Kannst Du Dir eine Gesellschaft vorstellen, in der niemand lügt?

Assange: Ziemlich leicht sogar.

Richter: Ach ja?

Assange: Ja, klar. Na ja, in gewissem Maße. Sogar Tauben lügen.

Richter: Wie das?

Assange: Manche Tauben zumindest. Wenn sie einen besonders großen Haufen Körner finden und andere Tauben kommen sehen, die ihnen das Futter wegfressen wollen, stoßen sie einen Warnruf aus, als wäre ein Falke am Himmel. Ein Trick, damit sie verschwinden.

Richter: Das wusste ich nicht.

Assange: Sogar Tauben lügen also.

Richter: Ist sich die Taube dessen bewusst, was sie da tut?

Assange: Das bezweifle ich. Eher nicht.

Richter: Also sind Menschen die Einzigen, die bewusst lügen?

Assange: Nun ja, um das Wort Bewusstsein gibt es schon lange einige Verwirrung in der westlichen Philosophie. Die Entwicklung einer philosophischen Konzeption von Bewusstsein wurde im Diskurs um den Begriff auf das »Wort« beschränkt. Was wir in aller Regel meinen, wenn wir vom Bewusstsein sprechen, ist, dass etwas in Worte gefasst und in Worten mitgeteilt werden kann.

Richter: Glaubst Du an die Aufklärung? Und an einen aufgeklärten Staat?

Assange: Um darauf eine brauchbare Antwort zu erhalten, muss man erst mal gewisse Grundbegriffe definieren. Ich glaube an die Fähigkeit, Dinge klar zu sehen, sie zu verstehen. Man kann kleine und große Dinge verstehen. Auch der räumliche und zeitliche Umfang der Dinge, die man versteht, kann größer oder kleiner sein. Zum Beispiel verstehst du vielleicht etwas über dein Leben. Oder du begreifst, dass es etwas gibt, das dir innewohnt und dich ausmacht, etwas, das sich offenbar nicht verändert und dich also dein ganzes Leben lang begleiten wird. Und dann kann man mit Hilfe von Physik und Philosophie manchmal das Gefühl bekommen, man verstünde etwas, das einen sehr viel größeren räumlichen und zeitlichen Umfang hat. Es erfüllt einen dieses fast gottgleiche Gefühl, man sei in der Lage, im Geist durch die Zeit und das ganze Universum reisen zu können. Das kann sich anfühlen wie ein Moment der Erleuchtung, der großen Klarheit. Auch wenn es vielleicht nicht stimmt.

Richter: Manchmal denke ich, die Prämissen des Humanismus könnten falsch sein. Die Prämisse, Menschen seien an sich gut. Wenn man das 20. Jahrhundert betrachtet, dann kommen einem erheblich Zweifel an dieser Annahme.

Assange: Humanismus ist ein Marketinginstrument. Genau wie Demokratie. Demokratie kann ich jedem verkaufen. Weil, hey, man hat ja die Möglichkeit, seine Stimme abzugeben. Man kann wählen! Niemand wird ausgeschlossen. Jeder darf mitmachen. Der Humanismus vermarktet sich in etwa so: Jeder Mensch ist von Natur aus gut, jeder einzelne hat Potential. Also sind nur unsere Lebensbedingungen das Problem. Und die können wir ändern. Ich glaube nicht, dass das so stimmt. Aber auch wenn es nicht stimmt, könnte es ein guter Ausgangspunkt sein. »Unschuldig bis zum Beweis des Gegenteils.« Auch wenn die Menschen vielleicht doch schuldig sind.

Richter: Neulich hat mir ein Freund etwas Interessantes über Straßenlaternen und die Französische Revolution erzählt ... Die wurden ursprünglich gar nicht erfunden, damit die Leute wissen, wo sie hinlaufen, sondern damit man sehen kann, was sie nachts treiben. So wie heute die Überwachungskameras. Und als die Revolution begann, löschte man als Erstes die Laternen. Was könnte man heute tun, um die Laternen zu löschen?

Assange: Momentan gibt's da nur eine Möglichkeit, nämlich verschlüsselte Anonymisierungssoftware wie I2P oder TOR und verschiedene VPN-Tools. Es gibt da wirklich einiges, das ziemlich schnell entwickelt wurde. Das wäre das einzige Äquivalent. Wie ein Regenschirm, den man auf der Straße über sich aufspannt, damit das Licht nicht auf einen fällt. Vielleicht können wir so unser eigenes weltweites Netz bilden, die sich selbst beschützen kann, zumindest ein bisschen. Dann wären wir im Grunde die letzten frei lebenden Menschen inmitten der totalitären Apokalypse. Das ist aber Wunschdenken. Rational gesehen bin ich nicht sehr optimistisch.

Richter: Weshalb?

Assange: Ich glaube, es ist ein unnatürlicher Zustand, wenn die ganze Welt miteinander vernetzt ist. Durch die Computerisierung und Delokalisierung ist es fast so, als wären alle am selben Ort. Wenn alle am selben Ort sind, hat man einen Markt, eine Stadt, und man hat dementsprechend eine einheitliche Machtstruktur. Die Menschheit ist nicht gewohnt, mit so etwas umzugehen. Das ist nicht vergleichbar mit früheren Veränderungen, die die Gesellschaft ein wenig durchgerüttelt haben – wie beispielsweise die Erfindungen der Elektrizität, des Autos, des Telegrafen oder des Fernsehens. Die gegenwärtigen Veränderungen, und das ist der Unterschied, betreffen alle Menschen gleichzeitig, überall auf der Welt. Eine derart massive Veränderung ist höchstwahrscheinlich fatal für ein glückliches menschliches Zusammenleben.

Richter: Was glaubst Du steht uns ganz allgemein bevor?

Assange: Das optimistische Szenario? Ein Kollaps der Zivilisationen. Die beste Analogie ist: Länder brauchen Militär, um sich zu verteidigen, und sie brauchen Nachrichtendienste. Genau wie der menschliche Körper ein Immunsystem und eine Leber braucht. Aber das Immunsystem muss im richtigen Verhältnis zum restlichen Körper stehen. Wenn die Leber plötzlich acht Mal so groß wird, wie sie sein sollte, nennen wir das Leberkrebs. Beim Leberkrebs passiert Folgendes: Deine Leber fängt an, dich von innen aufzufressen. Leberzellen vermehren sich überall, entziehen deinem Blut alle Glukose, so dass alle Proteine von der Leber aufgesaugt werden und nicht genug für Herz, Lunge und Hirn bleibt. Sie tötet den Körper. Ungefähr das erleben wir gerade. Beschleunigt sich dieser Vorgang, dann wird der Westen zusammenbrechen, wirtschaftlich kollabieren, weil die ganze Produktionskraft in den Sicherheitsapparat eingespeist wird. Geht das Ganze langsamer voran und setzt sich die Tendenz zur transnationalen Vernetzung der Sicherheitsapparate fort – zwischen China, dem Westen, Russland und dem ganzen Rest –, wird die gesamte Weltwirtschaft zusammenbrechen. Das ist das optimistische Szenario.

Richter: Wie sieht das pessimistische Szenario aus?

Assange: Das System bricht nicht zusammen. Es steuert weiter auf eine totalitäre Apokalypse zu, auf eine postmoderne Version von Nordkorea: massive Gleichschaltung, totale Überwachung, lückenlose Aufzeichnung aller menschlichen Aktivitäten.

Richter: Bist Du manchmal melancholisch?

Assange: Ganz selten. Einmal im Jahr vielleicht. In meinen Zwanzigern war ich gelegentlich melancholisch. Aber meiner Erfahrung nach ist das ein rein physiologisches Phänomen: das Stresslevel, wie angenehm die Umgebung ist, die Menge des Sonnenlichts, die Art und Weise der Ernährung – in dieser Hinsicht sind Menschen Ratten sehr ähnlich. Eigentlich gibt es fast keine Unterschiede.

Richter: Selbst das Lachen.

Assange: Selbst das Lachen … Um uns selbst besser zu verstehen, sollten wir uns die Welt jenseits von uns selbst und jenseits sprachlicher Konzepte betrachten. Wenn wir uns beispielsweise vorstellen, die

Welt aus fünfhundert Metern Höhe zu betrachten, dann würden wir lauter kleine Ratten sehen, die miteinander spielen, ein- und ausgehen in ihre kleinen Häuschen, Unfug treiben und so weiter. Sie haben gewisse Bedürfnisse, sie wollen glücklich sein, sie brauchen Bewegung, Gesellschaft und gutes Essen, aber auch nicht immer und nicht zu viel auf einmal. Das wäre langweilig, dann gäbe es keinen Grund mehr, sich noch anzustrengen. Sie brauchen Romantik, sie brauchen Aufregung, sie brauchen Abenteuer und intellektuelle Herausforderungen. Wenn Menschen das alles haben – und nicht zu dem einen Prozent der Bevölkerung gehören, das an einer schweren Krankheit leidet –, sind sie einigermaßen glücklich. Zu glücklich zu sein, ist auch nicht gut.

Richter: Was ist Deiner Meinung nach die Aufgabe der Kunst?

Assange: Das englische Wort »art« stammt von dem mittelalterlichen Wort »artifice« und setzt sich aus dem Lateinischen »ars« (Fertigkeit, Geschick) und »facere« (machen, herstellen) zusammen. Darunter verstand man ursprünglich Kunstfertigkeit, heutzutage jedoch Lüge oder Täuschung. Das beschreibt das Wesen der Kunst meiner Meinung nach sehr gut. Alle Kunst ist eine Form der Täuschung. Und manchmal ist es auch notwendig, im Kleinen zu täuschen, um die Wahrheit als Ganzes effektiver darzustellen. Aber so wird in der Kunst nur selten verfahren. Meistens wird sie dazu benutzt, wichtige Dinge zu verschleiern, um einer bestimmten Interessengruppe Macht zu verschaffen. Man kann es folgendermaßen sehen: Gute Kunst lässt den Betrachter mächtiger zurück, als er es vor dem Kunsterlebnis war. Er verlässt das Theater mächtiger, als er es betreten hat. Stärker. Fähiger. Widerstandsfähiger. Schlauer. Gewitzter. Vielleicht bin ich in dieser Hinsicht Brechtianer.

Richter: Schlauer und gewitzter leuchtet mir ein.

Assange: Menschen mit irgendeinem Problem zu behelligen, das in Wirklichkeit gar nicht existiert, macht sie nur schwächer. Denn es gibt mehr als genug Probleme, die ganz real sind. Das soll nicht heißen, dass Fiktion schlecht ist – denn sie kann den Leuten ein Ideal zeigen, nach dem sie streben können. Oder Allegorien, die etwas verdeutlichen. Das Publikum geschwächt zurückzulassen ist Betrug. Eine wichtige Überlegung ist: Wie weit kann man in eine bestimmte Richtung gehen? Das ist immer sehr aufschlussreich. Will man ein Phänomen begreifen, dann muss man sich fragen, wohin es im extremsten Fall führt. So macht man es in der Mathematik: Wenn man eine komplexe Gleichung hat, die man nicht versteht, dann überlegt man sich, was passiert, wenn man diesen Term gegen Unendlich oder jenen Term gegen Null gehen lässt?

Richter: Wenn Du Deine Lebensgeschichte verfilmen würdest – wie sähe der Schluss aus?

Assange: Es gibt bereits eine Reihe trashiger Produktionen von der BBC und Hollywood, die angeblich von meiner Arbeit handeln, tatsächlich aber nichts weiter zeigen als die albernen Ängste, die verschiedene transatlantische Unternehmen auf mich projizieren. Die Vorstellung eines weiteren derartigen Films wäre nicht gerade erfreulich. Ein Film, der tatsächlich von meinem Leben handelt, würde als düstere, surreale Komödie enden. Schaut man sich an, wie mein Leben bisher so verlaufen ist, dann würde ich sagen, dass am Schluss sechzig Meter hohe Wellen über die Erde hinwegrollen, bevor sie von einem Vulkanausbruch auseinandergerissen wird, während am Himmel ein Baby lacht.

Richter: Zum Abschluss eine sehr Proust'sche Frage: Was ist Deiner Meinung nach das allergrößte Elend?

Assange: Darauf gibt es eine Reihe offensichtlicher Antworten: Körperliches Leid oder Verrat. Aber ich glaube, die wichtigste und am häufigsten übersehene Art des Elends ist es, wenn Menschen nicht stolz auf das sein können, was sie ausmacht. Bertrand Russell hat, nur um Geld zu verdienen, ein Buch mit dem Titel *Eroberung des Glücks: Neue Wege zu einer besseren Lebensgestaltung* geschrieben. Es ist ein sehr früher Vorläufer des Selbsthilfebuchs. Darin schreibt er, dass es falsch ist, Kinder zur Bescheidenheit zu erziehen. Und dass ein Pfau, wenn er schöne Federn hat, auch stolz darauf sein solle. Kinder sollten stolz sein, man muss es ihnen ermöglichen, auf sich selbst und ihre wahren Fähigkeiten stolz zu sein.

Auszug aus Gesprächen, die zwischen 2011 und 2015 in der Ecuadorianischen Botschaft in London geführt wurden.
Übersetzung: Jan Schönherr

JESSELYN ALICIA RADACK

wurde am 12. Dezember 1970 in Washington D.C. geboren. Nach einem Studium an der Brown University (Amerikanistik, *Women's Studies*, Politikwissenschaften) graduierte sie an der renommierten Yale Law School und arbeitete anschließend im Justizministerium. 2002 wurde Radack zur Whistleblowerin, als sie der Presse Dokumente zuspielte, die ethische Verfehlungen im Umgang mit dem Talibankämpfer John Walker Lindh belegten. Dieser war nach seiner Festnahme ohne Rechtsbeistand verhört worden, entgegen der Empfehlung Radacks, die in mehreren E-Mails darauf hingewiesen hatte, dass eine solche Befragung nicht durch geltendes Recht legitimiert sei. Radack leidet seither unter Einschränkungen ihrer beruflichen Tätigkeit. Gegen sie lief ein Strafverfahren, das erst 2013 aufgehoben wurde. Ihre Erfahrungen als Whistleblowerin verarbeitete Radack in dem Buch *Traitor: The Whistleblower & the »American Taliban«*. Außerdem veröffentlicht sie regelmäßig Artikel in der *New York Times*, im *Guardian* und *The Nation*. Gegenwärtig ist Radack Mitarbeiterin des *Government Accountability Project*, einer Organisation, die sich auf die Unterstützung von Whistleblowern spezialisiert hat. Als Zuständige für den Bereich Nationale Sicherheit und Menschenrechte ist sie als Rechtsberaterin u. a. von Edward Snowden, William Binney und Thomas Drake tätig.

Sonnenlicht ist das beste Desinfektionsmittel

Ein Gespräch mit Jesselyn Radack

Angela Richter: Wo warst Du am 11. September 2001, und wie hast Du von den Anschlägen erfahren?

Jesselyn Radack: Ich war auf der Arbeit, im Justizministerium. Als das Pentagon getroffen wurde, sah ich vom Fenster meines Büros aus, wie die Rauchwolke hinter dem Washington Monument aufstieg. Niemand wusste, was zu tun ist. Im Ministerium konnte man sich nicht entscheiden, ob man die Angestellten nach Hause schicken sollte oder nicht. Schließlich sagte mein Chef:»Entscheidet selbst.« Im Nachhinein klingt es ziemlich bescheuert, aber ich habe mir eine Flasche Wasser, meinen Rucksack und eine Handvoll Pfefferminzbonbons und *M&M's* aus der Süßigkeitenschale geschnappt und mich auf den Heimweg gemacht. Da die U-Bahn außer Betrieb war, bin ich per Anhalter gefahren. Jeder hat irgendwen mitgenommen, die Leute saßen zum Teil auf den Autodächern, um nach Hause zu kommen. Im Laufe des Tages hieß es dann irgendwann, die Sache könnte etwas mit Al-Qaida zu tun haben. Präsident Bush trat relativ bald im Fernsehen auf, etwa zwölf Stunden danach, und sprach von einem»Angriff« auf unser Land. Diese Logik»Wir wurden angegriffen und befinden uns jetzt im Krieg« kam ziemlich schnell ins Spiel.

Richter: Wie würdest Du die Erwartungen beschreiben, die Du damals in Hinblick auf künftige Veränderungen in Amerika, im Westen hattest? Welche Hoffnungen oder Befürchtungen hattest Du? Und haben sich diese Annahmen aus heutiger Sicht bestätigt – oder kam alles ganz anders?

Radock: Völlig anders. Ich hatte nicht damit gerechnet, dass unsere Welt, wie sie vor dem 11. September war, einfach verschwinden würde. Ich dachte, wir würden auf angemessene, zielgerichtete Art und Weise auf die Anschläge reagieren. Als Anwältin habe ich an die Mittel des Rechtsstaates geglaubt. Dass die Anschläge eine so massive Einschränkung der bürgerlichen Rechte und Freiheiten, die in den wichtigsten Zusatzartikeln zu unserer Verfassung festgehalten sind, zur Folge haben würden, hätte ich nie gedacht. Und ich hätte mir auch nie träumen lassen, dass ein derartig langwieriger Kampf gegen Whistleblower, Journalisten und Hacktivisten beginnen würde.

Richter: Ich glaube, Du warst die erste Whistleblowerin nach dem 11. September. Schildere doch einmal Deinen Fall.

Radock: Ich war damals Anwältin in einer Abteilung des US-Justizministeriums, die Regierungsmitarbeiter in rechtsethischen Fragen berät, und wurde darum gebeten, eine Einschätzung zur ethischen Korrektheit der Befragung des sogenannten »amerikanischen Taliban« John Walker Lindh abzugeben, eines Mannes, der unter Taliban-Kämpfern aufgegriffen wurde. Er war der Erste, der in Afghanistan gefangen genommen wurde. Das Foto, das um die Welt ging, zeigte deutlich, dass er gefoltert wurde: Er war nackt, hatte die Augen verbunden und war an eine Trage gefesselt. Es ähnelte stark den Bildern, die wir später aus Abu Ghuraib zu sehen bekamen. An einem Freitag wurde ich gefragt, ob Lindh das Recht auf einen Anwalt habe. Und ich sagte:»Ja, absolut.« Sie ließen ihn jedoch nicht mit einem Anwalt sprechen und setzten die Folter fort. Als ich Montag wieder ins Büro kam, hieß es:»Wir haben ihn übers Wochenende verhört, ohne Anwalt. Was machen wir jetzt?« Meine Empfehlung lautete, die Befragung zu versiegeln und ausschließlich zum Zweck der nationalen Sicherheit und Informationsbeschaffung zu verwenden, nicht aber zur Strafverfolgung. Während des Gerichtsverfahrens gegen Lindh forderte der Richter beim Justizministerium eine Kopie der gesamten Korrespondenz zu Lindhs Befragung an. Doch die E-Mails mit meinen Empfehlungen und die Belege dafür, dass das FBI meinen Rat nicht befolgt hatte, waren vernichtet worden. Dem Gericht wurden Beweise vorenthalten. Für mich war das der Augenblick der Wahrheit. Ich war völlig geschockt und kündigte noch am selben Tag.

Richter: Wie kam es zu der Entscheidung, Whistleblowerin zu werden?

Radack: Das Verfahren gegen Lindh lief weiter. Und immer wieder hörte ich verschiedene Leute, unter anderem den *Attorney General**, in aller Öffentlichkeit Lügen verbreiten. Lindhs Rechte seien aufs Sorgfältigste gewahrt worden, hieß es. Hätte er nach einem Anwalt verlangt, so wäre ihm einer zur Verfügung gestellt worden. Das raubte mir den Schlaf. Nicht, dass ich besonders viel Mitgefühl mit John Walker Lindh gehabt hätte, aber hier stand das Leben eines Menschen auf dem Spiel, nur weil ich den Mund hielt. Eines Morgens hörte ich im Radio, wie ein Journalist behauptete, Lindh sei nie ein Anwalt verweigert worden. Ich griff zum Hörer, rief den Journalisten an und sagte:»Ich weiß nicht, woher Sie diesen Mist haben, aber das stimmt nicht. Und ich habe E-Mails, die das beweisen.« Denn bevor ich das Justizministerium verließ, konnte ich die vernichteten E-Mails wiederherstellen. Ich hatte sie kopiert und mit nach Hause genommen. Das war meine Absicherung. Falls das Ministerium versucht hätte, mich bei zukünftigen Arbeitgebern schlechtzumachen oder so etwas, hätte ich die E-Mails vorzeigen können. Es war eigentlich nie mein Plan, sie an die Medien weiterzugeben.

---

* Der *Attorney General* ist ein Mitglied des Kabinetts der Vereinigten Staaten und steht dem Justizministerium der Vereinigten Staaten vor. (Anm. d. Red.)

Richter: Hast Du irgendwelche Vorkehrungen getroffen? Wie hast Du Dich auf Deine Rolle als Whistleblowerin vorbereitet?

Radack: Ich habe meinem Ehemann nichts davon erzählt. Die Leute reagieren immer ganz entsetzt:»Was, Du hast nicht mit Deinem Mann darüber gesprochen? Habt Ihr etwa Eheprobleme?« Aber die meisten Whistleblower erzählen ihren Ehepartnern nichts, um sie zu schützen. Ihre Angehörigen sollen aufrichtig sagen können:»Ich hatte keine Ahnung.« Snowden hat das auch so gemacht.

Richter: Snowden hat insgesamt sehr bewusst gehandelt, oder?

Radack: Ja, er hatte schließlich gesehen, was mit Leuten wie Chelsea Manning, Thomas Drake und William Binney geschehen war. Er hat oft gesagt, dass er diese Fälle sehr genau verfolgt und zur Grundlage seiner eigenen Entscheidungen gemacht hat. Ich glaube, so konnte er eine ganze Menge Fallen umgehen, in die viele von uns getappt sind.

Richter: Warst Du Dir der Konsequenzen voll und ganz bewusst?

Radack: Überhaupt nicht! Nie im Leben hätte ich gedacht, dass Ermittlungen gegen mich geführt würden. Oder dass man mich bei der Anwaltskammer, bei der ich als Anwältin zugelassen bin, anschwärzen würde. Oder dass ich auf der No-Fly-Liste landen würde, die eigentlich für Terroristen vorgesehen ist. Oder dass man mich als »Verräterin« und »Abtrünnige« und »Terroristensympathisantin« bezeichnen würde. All das war eine derartige Überreaktion – es wurde mit Kanonen auf Spatzen geschossen. Schaut mich doch an! Ich war und bin vollkommen harmlos. 31 Jahre alt, verheiratet, zweifache Mutter zu dem Zeitpunkt – mittlerweile habe ich drei Kinder.

Richter: Du warst damals 31 Jahre alt?

Radack: Ja, ich war 31. Ungefähr genauso alt wie Snowden, als er ausgepackt hat. Auf Grundlage eines geheimen Berichts wurde mein Fall der anwaltlichen Aufsichtsbehörde gemeldet. Bei den Ermittlungen gegen mich ging es um den Zugriff auf Informationen – ich selbst aber hatte keinerlei Zugriff darauf, was man mir konkret vorwarf. Es war alles sehr kafkaesk. Es war, als müsste ich mit verbundenen Augen und auf dem Rücken gefesselten Händen kämpfen. Nie hätte ich mir träumen lassen, dass meine Regierung mich so behandeln würde. Ich war die loyalste, patriotischste Demokratin weit und breit, ich habe eine Beamtenlaufbahn angestrebt. Und dann kam die Meldung bei der Aufsichtsbehörde, das Flugverbot.

Richter: Was genau bedeutet das eigentlich?

Radack: Das heißt, dass ich auf der Liste verdächtiger Personen stand und meine Bordkarte mit dem Kürzel »SSSS« versehen wurde, was für »Secondary Security Screening Selection« steht. Der Reisende muss sich dann einer besonders sorgfältigen Sicherheitskontrolle unterziehen. In der Regel führte das dazu, dass ich meinen Flug verpasste. Ich konnte deshalb nicht an der Beerdigung meines Großvaters teilnehmen. Reisen wurde quasi unmöglich. Meine Familie kam durch die Sicherheitskontrolle, aber ich nicht. Es gab unglaublich viele Sicherheitskräfte, die dummes Zeug redeten, richtig boshaft waren und einfach irgendwelche Dinge erfanden. Sie haben mich stundenlang aufgehalten. Haben abscheuliche Dinge von mir verlangt. Zum Beispiel sollte ich einmal einen Schluck von meiner eigenen Muttermilch trinken.

Richter: Das ist wirklich abscheulich.

Radack: Sie haben meine Milchpumpe immer wieder durch die Sicherheitskontrolle geschickt. Die Mitarbeiter fragten:»Was ist das?« Und ich nur:»Äh … eine Milchpumpe.«Ich hatte einen Säugling und musste stillen. Darauf die Sicherheitskräfte:»Wo ist denn dieser Säugling?« Und ich:»Genau darum geht es ja. Ich habe mein Baby nicht dabei, deshalb brauche ich ja die Milchpumpe. Um die Milchproduktion in Gang zu halten.«Und sie sagen:»Und was ist das hier?«Und ich:»Das ist ein Babyfläschchen mit Muttermilch.«Darauf sie:»Wir können nicht feststellen, was da drin ist, also schmeißen wir es weg.« Darauf sage ich:»Nein, das ist wie flüssiges Gold. Glauben Sie mir.« Also sagten sie:»Dann trinken Sie doch mal einen Schluck davon.«Da habe ich gesagt:»Also erstens: Nein. Das ist barbarisch. Ich habe eine Laktoseintoleranz. Außerdem ist das Fläschchen dann kontaminiert. Zeigen Sie mir die Vorschrift, nach der stillende Mütter ihre eigene Muttermilch trinken müssen, um zu beweisen, dass es sich dabei nicht um Sprengstoff handelt. Wenn Sie wirklich glauben würden, dass es sich um Sprengstoff handelt, dann würden Sie mich gar nicht erst die Flasche öffnen lassen. Denn wenn das Perchlorsäure wäre – was eine flüssige, milchige Substanz ist –, dann würde Ihnen das ein Loch in dieses Gebäude reißen.« Sie hatten offenbar nicht die geringste Ahnung, was sie da redeten. Am Ende haben sie das Fläschchen mit so einer Art Sprengstofferkennungstuch abgerieben und natürlich nichts gefunden. Derartige Demütigungen musste ich wieder und wieder über mich ergehen lassen. Eine Erniedrigung nach der anderen. Das war wirklich eine schreckliche Zeit in meinem Leben.

Richter: Hattest Du jemals das Gefühl, dass Dein Leben in Gefahr ist? Oder das Leben Deiner Kinder und Deines Mannes?

Radack: Ich habe meinem Anwalt einen Brief gegeben, in dem stand, dass man als Erstes die Behörden unter die Lupe nehmen sollte, falls mir irgendetwas zustößt. Dasselbe habe ich meinen Eltern gesagt. Was meine Kinder und meinen Mann anging, so befürchtete ich weniger, dass man ihnen direkt etwas antun würde. Eher indirekt. Wir wurden überwacht, wir hatten rund um die Uhr ein Regierungsauto vor unserem Haus stehen.

Richter: Wie lange dauerte die Überwachung an?

Radack: Lange. Und es gehört zum Schlimmsten, was einem Menschen passieren kann. Mein Mann und ich konnten die Kinder nicht mehr draußen spielen lassen. Ich musste Umwege über die Seitenstraßen gehen, wenn ich sie morgens zur Schule brachte, denn ich wollte nicht, dass sie fotografiert werden oder dass man versucht, mich vor meinen Kindern einzuschüchtern. Wir haben beobachtet, wie Regierungsagenten unseren Müll durchwühlten, also haben wir unseren Müll nach Virginia gefahren, wo er unmittelbar vernichtet wird. Oder ich habe einfach so viele vollgeschissene Windeln wie möglich oben draufgelegt. Als eine Art stillen Protest. Irgendwie muss man sich ja wehren.

Richter: Kann man es sich eigentlich finanziell leisten, Whistleblower zu werden?

Radack: Nein, es ist eine finanzielle Katastrophe. Die meisten Whistleblower sind am Ende völlig ruiniert. Wir hatten Anwaltskosten von insgesamt 100.000 Dollar und mussten eine zweite Hypothek auf unser Haus aufnehmen. Vorher habe ich die Hälfte unseres Familieneinkommens verdient, nun war ich arbeitslos, unser Einkommen wurde halbiert. Wir hatten zwei kleine Kinder. Und ich habe ständig neue Rechnungen angeschleppt, weil ich zu diesem Zeitpunkt drei Anwälte hatte. Auf finanzieller, beruflicher und persönlicher Ebene war der Schaden also immens. Meine Familie hat dafür gesorgt, dass ich nicht jeden Halt verloren habe. Durch meine Familie, meine Kinder konnte ich immer wieder in diese andere Welt eintauchen, die ja auch noch existierte. Man geht nach Hause und kann sich nicht einfach weiter Sorgen um alles machen, weil man dann Teil ihrer Welt ist. Man wird gebraucht.

Richter: Bist Du jemals ins Zweifeln gekommen und hast Deine Entscheidung bereut?

Radack: Nein, das habe ich nie. Egal, wie verzweifelt ich war, ich hatte nie das Gefühl, dass ich es nicht hätte tun sollen. Höchstens, dass ich anders hätte vorgehen und meine Informationen nicht anonym an die Öffentlichkeit geben sollen. Ich habe dem Journalisten die E-Mails gegeben und ihm gesagt, dass ich nicht genannt werden möchte, und in seinem Artikel hat er mich auch nicht erwähnt. Aber dann hat er sämtliche E-Mails mit meinem Namen auf der Webseite von *Newsweek* veröffentlicht und mich damit zum Abschuss freigegeben. Ob er das absichtlich getan oder einfach nur nicht richtig nachgedacht hat, weiß ich nicht. Aber ich habe anschließend oft gedacht, dass ich einfach eine Pressekonferenz in meinem Vorgarten hätte abhalten und erklären sollen, wer ich bin und welches Unrecht ich mitbekommen habe.

Richter: Weil Du dann die Kontrolle über Deine Geschichte gehabt hättest?

Radack: Genau. Die meisten Whistleblower sagen im Nachhinein oft:»Ich hätte mir einen Anwalt nehmen sollen, ich hätte mich beraten lassen sollen, ich hätte mich rechtzeitig vorbereiten sollen.« Mittlerweile leite ich eine Organisation für Whistleblower, und die wenigsten Leute, die zu uns kommen, sagen:»Ich habe vor, Informationen an die Öffentlichkeit zu geben.«So gut wie alle kommen erst dann zu uns, wenn sie bereits ausgepackt haben und es mit der ganzen Gewalt des US-amerikanischen Staatsapparats zu tun bekommen.

Richter: Bist Du religiös?

Radack: Ich bin praktizierende Jüdin und gehe regelmäßig in die Synagoge, vor allem jetzt, da meine drei Kinder alle ungefähr im Bar-Mizwa-Alter sind. Als ich selbst Bar-Mizwa hatte, habe ich eine Stelle aus der Thora vorgetragen, die mich tief beeindruckt hat und mir bis heute als Richtschnur in meinem Leben dient:»Du sollst nicht folgen der Menge zum Bösen« (Exodus 23:2).

Richter: Dort konntest Du also in harten Zeiten etwas Trost im Glauben finden?

Radack: Ja. Vor allem, als ich mich dem Rabbi anvertraute und ihm erzählte, was ich getan hatte. Es war ein geschützter Raum, in dem ich Zuspruch fand. Denn von juristischen Vereinigungen, von Bürger- und Menschenrechtsorganisationen kam keine Hilfe. Keiner meiner natürlichen Verbündeten hat mich unterstützt.

Richter: Woran liegt das? Sind diese Organisationen nicht für genau solche Fälle da?

Radack: Eigentlich schon, ja. Ich glaube, der Spionagevorwurf hat mich kontaminiert, er wirkt so abschreckend, zumal er damals noch eine Ausnahme war. Mir wurde mehrfach beschieden:»Laut Regierung sind Sie eine ›Terroristensympathisantin‹, Sie stehen auf einer Beobachtungsliste für Terroristen. Wir vertreten keine Terroristen.«

Richter: In Deutschland sind viele enttäuscht von Obama und seiner Regierung, weil er seine Versprechen zum Teil nicht eingehalten hat. Eins davon war, Whistleblowern mehr Schutz zu bieten.

Radack: Weißt Du, ich gehöre zu denen, die sich für Barack Obama engagiert, ihn unterstützt und für ihn gestimmt haben. Ich habe an seine Zusicherungen von mehr Offenheit und Transparenz geglaubt. Und eines seiner zentralen Versprechen im Wahlkampf war der Schutz von Whistleblowern. Das hat er nicht nur nicht eingehalten, er hat sogar exakt das Gegenteil getan. Er hat mehr Whistleblower unter dem *Espionage Act* verfolgt als all seine Vorgänger zusammen.

Richter: Es gibt noch einen anderen Aspekt, den ich aus europäischer Sicht faszinierend finde: In Amerika hat man eine ganz andere Auffassung von Patriotismus. Die meisten Whistleblower, mit denen ich bisher gesprochen habe, sagen: »Ich habe so gehandelt, weil ich an die Verfassung glaube.«

Radack: Die Behörden haben mich »unpatriotisch« genannt und als »Verräterin«, »Abtrünnige« und »Terroristensympathisantin« bezeichnet. So wie sie die patriotische Gesinnung eines jeden Whistleblowers in den Dreck ziehen wollten. Das ist immer die erste Beschuldigung, wir alle werden in diese Ecke gestellt: Drake, Binney, Snowden, Manning. Du musst dir nur ansehen, was im Laufe anderer nationaler Sicherheitskrisen in unserem Land passiert ist. Wir haben ziemlich abscheuliche Dinge getan. Die Verabschiedung der sogenannten *Alien and Sedition Acts*. Die Internierung japanischstämmiger Amerikaner zur Zeit des Zweiten Weltkriegs. Schau dir Daniel Ellsberg an. Was er getan hat, wurde von vielen als Landesverrat betrachtet.

Richter: Glaubst Du, dass Du letztendlich etwas bewirkt hast?

Radack: Ja. Zuerst war ich mir nicht sicher, ob sich wirklich etwas ändern würde. Doch dann kam 2004 die Wahrheit über die sogenannten Folter-Memos heraus. Ein Kommilitone von mir namens John Yoo hatte sie verfasst.

Richter: Ich habe ihn in San Francisco getroffen. Ehrlich gesagt hatte ich ein wenig Angst vor ihm.

Radack: Er ist sehr charmant, wie die meisten Psychopathen. Aber als der Inhalt der ersten Memos ans Licht kam, dachte ich: Gott sei Dank! Natürlich nicht, weil Menschen gefoltert worden waren. Das ist grauenhaft. Aber es gab endlich Beweise. Und dann, so um 2007/2008, schrieben Jane Mayer vom *New Yorker* und Eric Lichtblau Bücher über den Fall John Walker Lindh und meine Rolle darin. Sie erklärten, was passiert war. Dafür bin ich ihnen sehr dankbar. Im Grunde verdanke ich mein Leben Enthüllungsjournalisten wie ihnen, die die Wahrheit offenlegen. Jetzt heißt es überall: »Oh, Jesselyn Radack, die geachtete Whistleblower-Pionierin.«

Richter: Es wirkt manchmal so, als wäre Ex-Whistleblower so etwas wie ein Beruf: Man reist herum und betreibt Aufklärung. Wie sehr spielt das in Deinem Leben eine Rolle?

Radack: Eine ungemein große! Als ich mitten in diesem Schlamassel steckte, habe ich mir gesagt: Falls ich jemals wieder arbeiten kann, werde ich mein Leben der Verteidigung von Whistleblowern widmen. Und dann kam 2006 der Anruf von Alan Grayson, der zu mir sagte: »Ich will, dass Sie für mich arbeiten. Ich vertrete Whistleblower. Das wäre doch eine fast märchenhafte Wiedergutmachung für Sie.« Darauf sagte ich ihm: »Ich würde liebend gern für Sie arbeiten, aber ich muss Sie warnen: Wenn Sie mich anstellen, wird Ihre

Berufshaftpflichtversicherung durch die Decke gehen, denn es liegt eine Beschwerde bei der Anwaltskammer gegen mich vor, meine Zulassung ist gefährdet.«Daraufhin sagte er nur:»Ich bin reicher als Gott. Das ist mir egal.« Und so fing ich vor zwei Jahren in Alans Anwaltskanzlei an. Dann wurde Alan in den Kongress gewählt, und die Kanzlei löste sich auf. Zu diesem Zeitpunkt wurde eine Stelle beim GAP *(Government Accountabilty Project)* frei, und dort vertrat ich viele Jahre lang die Interessen ganz normaler Whistleblower, die staatliche Interna zu Betrug, Verschwendung und Missbrauch offenlegten. Sie wurden degradiert, versetzt und schlecht behandelt. Im schlimmsten Falle flogen sie raus. Aber dann kam die Sache mit Thomas Drake, dadurch hat sich meine Klientel und meine Ausrichtung vollkommen verändert – denn Obama begann damals etwas, was sich zu einem regelrechten Krieg gegen Whistleblower entwickelte. Thomas Drake war der Präzedenzfall.

Richter: Kommen wir zu etwas anderem, zum Anschlag auf *Charlie Hebdo* – Massenüberwachung scheint ja zur Verhinderung von Terroranschlägen überhaupt nichts beitragen zu können.

Radack: Es hat sich wieder und wieder gezeigt, dass Überwachung vollkommen nutzlos ist. Weder der Anschlag auf den Boston Marathon noch der Anschlag auf *Charlie Hebdo* konnten rechtzeitig erkannt und verhindert werden. Für die Unfallrekonstruktion eignen sich solche Maßnahmen gut, Überwachung kann im Nachhinein hilfreich sein. Aber es wird ja immer argumentiert, dass sie solche Vorfälle angeblich verhindern würde. Meiner Meinung nach können Terroranschläge nur durch die gute, alte, von Menschen betriebene Ermittlungsarbeit erkannt und verhindert werden. Die USA hatten ja sogar einen Hinweis von Russland bekommen:»Achtet auf diese Zarnajew-Brüder, die kommen zu uns, um sich in dubiosen Dingen ausbilden zu lassen. Seid auf der Hut.« Russland! Ausgerechnet Russland hat uns gewarnt. Und niemand hat etwas unternommen. Bei *Charlie Hebdo* war es genau das Gleiche. Die Attentäter waren schon lange vorher auf dem Radar erschienen, sind aber einfach durchs Raster gefallen. Zur Beschaffung von Informationen und Durchführung von Ermittlungen benötigt man Menschen, keine Computer-Algorithmen, die massenhaft Daten über Abermillionen unschuldiger Bürger sammeln. Der militärisch-industrielle Überwachungskomplex ist im digitalen Zeitalter in einem unvorhersehbaren Ausmaß angewachsen.

Richter: Wenn es nicht um die Verhinderung von Terroranschlägen geht – worum geht dann?

Radack: Es geht darum, dass Regierungen ihre Bevölkerungen kontrollieren – ihre Bürger und deren Verhalten. Ich passe mein Verhalten an, weil ich mich überwacht fühle. Ich kann meinen Beruf nicht in der gleichen Weise ausüben wie ein normaler Anwalt. Bei der Klientel, die ich vertrete – darunter Snowden –, muss ich davon ausgehen, dass ich überwacht werde. Deshalb sage ich immer halb im Scherz, dass ich meine Drogendealer-Tricks anwende: nur bar bezahlen, Wegwerfhandys, alles verschlüsseln, Gespräche nur unter vier Augen. Ich mache Witze darüber, aber eigentlich ist es alles andere als lustig. Ganz egal, ob man nun tatsächlich überwacht wird – es reicht schon, dass genug Leute denken, dass sie überwacht werden oder überwacht werden könnten, damit sie ihr Verhalten ändern. Und das ist der eigentliche Schaden, der dadurch entsteht.

Richter: Ich habe den Eindruck, dass die Medien zum Teil eine unschöne Rolle dabei spielen.

Radack: Auf jeden Fall. In den USA gilt die Presse ja eigentlich als vierte

Gewalt im Staat. Die Hälfte der Zeit benimmt sie sich allerdings eher wie ein Schoßhund der Regierung und nicht wie ein Wachhund. Indem sie über bestimmte Dinge nicht berichten, indem sie ihnen nicht die gebührende Aufmerksamkeit verschaffen, werden die Medien zu Mittätern.

Richter: Was würdest Du dem Durchschnittsbürger entgegnen, der immer sagt: »Mir ist das egal, ich habe nichts zu verbergen.«

Radack: Meine Antwort auf das »Ich habe nichts zu verbergen«-Argument lautet: »Wissen Sie was? Ich habe auch nichts zu verbergen. Aber trotzdem will ich keine Kamera in meinem Schlafzimmer oder im Bad haben. Wir haben doch alle unsere Privatsphäre. Selbst als vollkommen gesetzestreuer Bürger zieht man doch irgendwo eine Grenze. Wenn Sie nichts zu verbergen haben, warum geben Sie mir dann nicht alle Ihre Passwörter? Geben Sie mir Ihre Kontodaten, Ihre Kreditkartennummer.« Die meisten Leute behalten diese Dinge aus gutem Grund für sich: Sie kennen mich nicht, und diese Informationen sind geheim und gehören ihnen.

Richter: Was können denn ganz normale Leute tun, denen zum Beispiel die lästigen Verschlüsselungsverfahren einfach zu aufwendig sind?

Radack: Ich sage den Leuten immer wieder: Jeder kann etwas tun. Man kann sich einfach auf seine Stärken berufen. Es spielt überhaupt keine Rolle, welchen Hintergrund man hat, oder welchen Beruf, welches Einkommen. Künstler können darüber malen. Schriftsteller können darüber schreiben. Als Durchschnittsbürger kann man sich sozial engagieren. Man kann Leserbriefe verfassen, zu Versammlungen gehen. Sehen Sie nicht einfach nur zu, mischen Sie sich ein. Selbst wenn man an seine vier Wände gebunden ist oder im Pflegeheim lebt, ganz egal, wie die jeweiligen Lebensumstände aussehen, man kann etwas tun.

Beispielsweise kann man auf change.org gehen. Dort findet man zahlreiche Online-Petitionen zu den verschiedensten Themen, von Folterungen über Durchsuchungsaktionen ohne richterlichen Beschluss bis hin zu Drohneneinsätzen und Kriegsverbrechen. Es nimmt nicht mehr als zwei bis fünf Minuten in Anspruch und hat trotzdem einen Effekt.

Richter: Glaubst Du, es besteht Hoffnung? Wird dieser Wahnsinn irgendwann ein Ende haben?

Radack: Was mich zuversichtlich stimmt, ist die Tatsache, dass diese Dinge allmählich ans Tageslicht kommen. Sonnenlicht ist das beste Desinfektionsmittel*. Und die Tatsache, dass wir Enthüllungsjournalisten haben, die ihren Job machen, und Whistleblower, und Technologen – allein im Laufe des letzten Jahres, in dem ich Snowden vertreten habe, hat es bemerkenswerte Fortschritte in der Verschlüsselungstechnologie gegeben. Verschlüsselungsmethoden sind mittlerweile viel weiter verbreitet und ihre Anwendung ist längst nicht mehr so kompliziert. Wo die Politik versagt, wird hoffentlich die Technologie erfolgreich sein. In der Regel ist sie der Politik zehn Schritte voraus. Ich bin zuversichtlich, dass eine Kombination aus technischem Fortschritt und sozialem Engagement das Ruder noch einmal herumreißen wird.

Das Gespräch wurde am 27. Januar 2015 in Berlin geführt.
Übersetzung: Nora Pröfrock

---

* Radack zitiert hier Louis Brandeis, ehemaliger Richter am Obersten Gerichtshof der USA. (Anm. d. Ü.)

JEREMY HAMMOND

wurde am 8. Januar 1985 geboren. Bereits im Alter von acht Jahren
programmierte Hammond erste Computerspiele, im Alter von drei-
zehn entwickelte er eigene Datenbanken. Im Frühjahr 2004 wurde
er von der University of Illinois in Chicago verwiesen, da er sich in
das Netzwerk der Uni gehackt hatte, um auf vorhandene Sicherheits-
lücken hinzuweisen, die er gegen eine Gebühr bereit war zu beheben.
Aufgrund seines politischen Engagements und praktizierten zivilen
Ungehorsams bei antifaschistischen Demonstrationen sowie Protestaktionen der *Occupy*-Bewegung wurde Hammond unzählige Male
in Gewahrsam genommen. Nachdem Hammond Informationen aus
der Datenbank von *Protest Warrior* – einem Netzwerk zur Diffamie-
rung von Kriegsgegnern – entwendet hatte, wurde er 2006 zu einer
zweijährigen Haftstrafe verurteilt. 2011 entwendete Hammond, damals aktives Mitglied von *Anonymous*, fünf Millionen E-Mails und
60.000 Kreditkartendaten vom Server der Beratungsfirma *Stratfor*. Zu
dieser Aktion hatte ihn der Hacker Sabu (Hector Xavier Monsegur)
ermutigt, ein Informant des FBI, der ihn anschließend verriet. Nach
zwanzig Monaten im Gefängnis wurde Jeremy Hammond 2013 zu
zehn Jahren Haft verurteilt.

Eine moderne Variante des Sturms auf die Bastille

Ein Interview mit Jeremy Hammond

Angela Richter: Du bist nun schon seit einiger Zeit politischer Aktivist. Wie ist es dazu gekommen? Gab es ein bestimmtes Ereignis, das Dich politisiert hat? Hatte der 11. September einen besonderen Einfluss auf Dich?

Jeremy Hammond: Mein politisches Bewusstsein hat sich im Lauf von George W. Bushs Präsidentschaft herausgebildet: von der umstrittenen Wahl im Jahr 2000 bis hin zum Missbrauch des 11. Septembers als Vorwand für imperialistische Kriege im Nahen Osten und die Zerstörung der bürgerlichen Freiheiten in den USA. Ich war frustriert von der nationalistischen und rassistischen Rhetorik, mit der dieser ewige »Krieg gegen den Terror« gerechtfertigt wurde, deshalb habe ich nach unabhängigen Nachrichten- und Informationsquellen gesucht, die nicht von Unternehmen kontrolliert werden. Ich habe mich mit der Geschichte des US-amerikanischen Imperialismus auf der ganzen Welt beschäftigt, habe angefangen, zu Demonstrationen gegen die Kriege im Irak und in Afghanistan zu gehen, und bin mir nach und nach der Querverbindungen verschiedener sozialer Bewegungen bewusst geworden, die mich als Revolutionär geprägt haben.

Richter: Mit Daniel Ellsberg habe ich über das Fehlen von Vorbildern für Whistleblower gesprochen – es sind uns nur Kassandra und Prometheus eingefallen. Hast Du irgendwelche Vorbilder? Gibt es historische Persönlichkeiten, an denen Du Dich orientierst?

Hammond: Viele Whistleblower waren hochrangige Autoritätspersonen, die plötzlich eingesehen haben, welche Ungerechtigkeiten sie durch ihre jeweiligen Tätigkeiten aufrechterhielten, und die ihre gesellschaftliche Position bereitwillig aufgaben, um Aufmerksamkeit auf diese Missstände zu lenken. Das ist definitiv heldenhaft, und ich hoffe, es regt andere in ähnlichen Positionen dazu an, sich zu fragen, welchen Beitrag sie zum Aufstand gegen die herrschende Klasse leisten können. Die meisten historischen Persönlichkeiten, die mich inspiriert haben, waren jedoch Außenseiter ohne politische Verbindungen innerhalb des Systems: Ausgestoßene, die durch die Revolution nichts zu verlieren und alles zu gewinnen hatten. Die Gruppe *Citizens' Commission to Investigate the FBI* zum Beispiel, die in die FBI-Räume in Pennsylvania einbrach und geheime Dokumente zu verdeckten, illegalen Operationen des FBI gegen Friedens- und Bürgerrechtsbewegungen an die Öffentlichkeit brachte. Oder die Untergrundorganisation *Weathermen*, die *Black Panther*, die *Haymarket*-Märtyrer usw. Und es gibt viele namenlose Helden, die nie gefasst, verhaftet, ins Gefängnis gesteckt oder hingerichtet wurden. Was sie tun, ist vielleicht weniger bekannt, aber es werden jeden Tag Bankfenster eingeschlagen, Webseiten gehackt und Tiere aus Versuchslaboren befreit. Strategisch gesehen ist es von Vorteil, anonym zu bleiben und so möglicherweise davonzukommen!

Richter: Würdest Du Dich selbst als Anarchist bezeichnen? Was sind Deine politischen Ziele? Wie sieht für Dich eine ideale Gesellschaft aus?

Hammond: Ja, ich bin Anarchist. Ich stelle mir eine klassenlose Gesellschaft vor, ohne Politiker, Präsidenten, Gefängnisse, Polizei und jegliche Form von Unterdrückung wie Rassismus, Sexismus, Homophobie usw. Systeme wie der Kapitalismus und der Staat lassen sich nicht durch Wahlen oder oberflächliche Reformen in Ordnung bringen, sie müssen komplett abgeschafft werden. An ihre Stelle könnten freiwillige Zusammenschlüsse, gegenseitige Hilfe, Dezentralisierung und gemeinschaftlicher Konsens treten – alles Konzepte, die die guten Seiten des Menschen hervorkehren und nicht, wie Hierarchie- und Machtstrukturen, die schlechten.

Richter: Wie würdest Du *Anonymous* beschreiben? Welche Vor- bzw. Nachteile hat das Fehlen von Anführern oder Hierarchien in einer revolutionären Bewegung?

Hammond: Das dezentralisierte, führerlose Vorgehen von *Anonymous* ist insofern eine Stärke, als dass direkte Angriffe von staatlicher Seite in Form von Durchsuchungen, Festnahmen usw. keine Bedrohung für die Bewegung darstellen. Frei von Machtkämpfen, wie sie für hierarchische Organisationen typisch sind, verfügt das Kollektiv außerdem über eine Vielzahl verschiedener Kampagnen und Taktiken, da sich unter der Flagge von *Anonymous* im Grunde jeder mit jedem zusammentun und seine eigenen Operationen durchführen kann. Vor *Anonymous* hat es politisch motiviertes Hacking oder Hacktivismus nicht gegeben. Ich glaube, in dieser Hinsicht haben wir neue Maßstäbe gesetzt und das Bild von Hackern in der allgemeinen Wahrnehmung verändert, denn sie werden nun nicht mehr bloß als Halunken und Verbrecher gesehen, sondern als Menschen mit einem ausgeprägten Sinn für Ethik und soziale Verantwortung. Über die aktuellen Unternehmungen von *Anonymous* weiß ich nicht im Einzelnen Bescheid, aber das Kollektiv ist immer noch sehr aktiv und eine Instanz, mit der man weiterhin zu rechnen hat.

Richter: Worum ging es bei dem Hackerangriff auf *Stratfor*? Was ergab sich aus den Materialien, auf die Du dabei zugegriffen hast?

Hammond: Dieser Hack zielte auf interne E-Mails ab, die *Stratfors* weltweites Informantennetz sowie die im Auftrag multinationaler

Unternehmen durchgeführten Überwachungsmaßnahmen der Firma enthüllten. Unter anderem hat *Stratfor* für *Dow Chemical* das Hilfsprojekt *Bhopal Medical Appeal* und die *Yes Men* ausspioniert und sich mit der Polizeibehörde von Austin, Texas, zusammengetan, um die örtliche *Occupy Wall Street*-Gemeinschaft zu überwachen. Viele Materialien, die *Stratfors* dubiose, manipulative Methoden belegen, wurden analysiert und von WikiLeaks veröffentlicht, sind also im Internet frei zugänglich. Der Hack förderte außerdem die Namen und Mail-Adressen auf *Stratfors* interner Kundenliste zutage. Diese Daten wurden ebenfalls im Internet veröffentlicht – etwa 60.000 CC's und ca. 850.000 E-Mail-Adressen und Passwörter. Unter den Namen waren viele hochrangige Vertreter der US-Regierung, Mitarbeiter des Militärs, der Polizei, des Ministeriums für Innere Sicherheit, der Sicherheitsabteilung der Bank of America, der Weltbank. Der ehemalige Vizepräsident Dan Quayle stand ebenso auf dieser Liste wie der einflussreiche Wall-Street-Anwalt, dessen Ehefrau mein Gerichtsurteil gesprochen hat. Mit den Kreditkartendaten wurden Gelder an Menschenrechtsorganisationen auf der ganzen Welt gespendet, und mithilfe der verschlüsselten Passwörter, die leicht zu knacken waren, konnte außerdem auf andere Konten im Internet zugegriffen werden. Die Aktion hat entlarvt, dass eine Sicherheitsfirma, die gerne zu einer Art privater Auftrags-CIA werden wollte, in dunkle, fragwürdige Machenschaften verstrickt war, für die keinerlei öffentliche Rechenschaft abgelegt wurde. Diese Dinge konnten nur durch einen Hack und die Verbreitung der gestohlenen Informationen bekannt werden. Wir sind sogar noch einen Schritt weitergegangen: Anstatt *Stratfor* einfach nur zu entlarven, beschloss ich, zusätzlich all ihre Server und Back-ups zu zerstören und die internen Informationen so zu missbrauchen, dass die Firma monatelang nicht agieren konnte und das Vertrauen ihrer Informanten und Kunden verlor.

Richter: Regierungen und Unternehmen agieren völlig unbeobachtet, während das Leben der Bürger immer transparenter wird. Was sind die Gefahren dieser Entwicklung?

Hammond: Die herrschende Klasse und ihr Geheimdienst lassen routinemäßig Durchsuchungsaktionen ohne richterlichen Beschluss vornehmen, attackieren unsere Redefreiheit und führen auf der ganzen Welt imperialistische Kriege. Sie halten ihre Operationen geheim und berufen sich dabei auf die »nationale Sicherheit«, während sie uns erzählen, wir sollen uns daran gewöhnen, dass man uns beobachtet, unsere Telefone anzapft, unsere Aktivitäten im Internet überwacht. In einer freien Gesellschaft wäre das genau umgekehrt – die Mächtigen wären gläsern, und die Bürger hätten ihre Privatsphäre. Sie hoffen natürlich, ein paar Leute zu fassen und mit ihnen ein Exempel zu statuieren, aber in Wirklichkeit sind ihre Absichten psychologischer Natur. Sie pflanzen uns die Polizei in die Köpfe – eine Stimme, die uns ermahnt, ja nichts zu sagen, uns ja nicht zu erheben, denn wir werden beobachtet. »Big brother is watching!« Sie hoffen so, jeden Gedanken an Rebellion im Keim zu ersticken.

Richter: Was können wir dagegen tun?

Hammond: Wir können den Spieß umdrehen, indem wir erstens lernen, uns selbst zu verteidigen: eine Sicherheitskultur pflegen, von der Bildfläche verschwinden, im Internet nur noch anonym agieren. Zweitens können wir den militärisch-industriellen Komplex durch Hackerangriffe und die Veröffentlichung interner Informationen gewaltsam entlarven. Es genügt aber nicht, das von den Regierungen begangene Unrecht einfach nur aufzudecken. Edward Snowdens Enthüllungen belegen Verstöße gegen unsere Verfassung, die weit über die *Counter Intelligence*-Programme des FBI in den sechziger Jahren hinausgehen. Die Regierung hat diese Vorfälle entweder fanatisch verteidigt, völlig abgestritten oder uns mit vagen Ankündigungen oberflächlicher Reformen abgespeist, von denen wir glauben sollen, man hätte sie bereits umgesetzt … Es ist schon so vieles an die Öffentlichkeit gelangt, und die herrschende Klasse ist damit davongekommen, weil es keine wirkungsvolle soziale Bewegung gibt, die in der Lage ist, die Verantwortlichen aus dem Amt zu jagen.

Richter: Die Straßenlaternen wurden nicht nur erfunden, um den Leuten nachts den Weg zu leuchten, sondern auch, um sie nach Einbruch der Dunkelheit zu überwachen und zu kontrollieren. Es waren Instrumente der Kontrolle. Mir hat jemand erzählt, dass kurz vor der Französischen Revolution alle Straßenlaternen gelöscht wurden. Die Revolution fand also im Dunkeln statt. Was könnte man heute tun, um die Laternen zu löschen?

Hammond: Unsere Aktivitäten sollen sich in legalen, vorhersehbaren und kontrollierbaren Bahnen wie beispielsweise politischen Wahlen bewegen, damit Betriebe wie die NSA ungestört weitermachen können. Es reicht also nicht, ihre Aktivitäten zu entlarven, wir müssen diese Geheim- und Nachrichtendienste eigenhändig niederreißen, wir müssen die Straßenlaternen zertrümmern wie in der Französischen Revolution. Dazu braucht man kein großer Hacker oder hochrangiger Geheimdienstmitarbeiter mit Zugang zu sensiblen Informationen zu sein, der dann zum Whistleblower wird. Wir müssen uns nur bewusst machen, welche Rolle wir bei der Aufrechterhaltung des Status quo spielen, uns über unsere Fähigkeiten und Möglichkeiten klar werden, herausfinden, was die jeweilige Entsprechung von Snowdens Aktion in unserem eigenen Leben sein könnte, und dann das System zerlegen.

Richter: Du wurdest zu zehn Jahren Haft verurteilt. Wie sieht das Leben im Gefängnis aus? Was stellst Du mit Deiner Zeit an?

Hammond: Für eine Regierung, die sich weltweit angeblich für Demokratie und Menschenrechte einsetzt, ist die Situation in den Gefängnissen hierzulande eine große Ungerechtigkeit, die außerhalb der öffentlichen Kontrolle liegt und in ihrem ganzen Ausmaß auch gar nicht nachvollzogen werden kann, solange man nicht Freunde oder Verwandte hat, die inhaftiert sind oder es am eigenen Leib erlebt haben. Ich habe schon für die verschiedensten Dinge eingesessen, von geringfügigen Vergehen wie die Teilnahme an Protesten bis hin zu den erwähnten Hackerangriffen, für die ich momentan eine zehnjährige Haftstrafe absitze.

Hier, in einem Bundesgefängnis mittlerer Sicherheitsstufe, verbüßen die meisten Insassen lange Haftstrafen für Drogendelikte oder den illegalen Besitz von Schusswaffen. Menschen nichtweißer Hautfarbe werden deutlich öfter strafrechtlich verfolgt. Sie bekommen längere Freiheitsstrafen und werden häufiger Opfer polizeilicher Gewalt. Auch nach absolvierter Haftstrafe bleiben Straftäter ihr Leben lang Bürger zweiter Klasse, viele verlieren ihr Wahlrecht, den Anspruch auf eine Sozialwohnung oder Sozialhilfe, sie dürfen keine Schusswaffe besitzen, erhalten keine Studienförderung vom Bundesstaat und werden bei der Bewerbung um eine Arbeitsstelle benachteiligt – all das, obwohl sie ihre Schuld der Gesellschaft gegenüber theoretisch ja beglichen haben. Im Grunde ging es bei dem gesamten Gefängnissystem noch nie um Strafverhütung oder Resozialisierung, sondern um den Profit, den man mit uns Strafgefangenen am Boden der Gesellschaftspyramide machen kann. Wir werden gezwungen, für das Militär oder private Konzerne zu arbeiten, darunter viele der umsatzstärksten Markenunternehmen der Welt, und man zahlt uns nicht mal den Mindestlohn. Uns wird jegliche Illusion von Privatsphäre, von Redefreiheit und grundlegender menschlicher Würde genommen: Ständig schikaniert man uns mit irgendwelchen kleinkarierten Regeln, brüllt uns Befehle zu, macht uns das Leben unnötig schwer und gesteht uns nicht einmal ein Minimum an Respekt kampflos zu. Viele halten dem psychischen Druck nicht stand, werden in eine Anstalt eingewiesen, zum Schweigen gebracht, gefügig gemacht. Manche werden sogar zu Gefängnisspitzeln, ganz nach dem Motto:»Gegen das System kommt man nicht an.« Es ist ein ununterbrochener Kampf um Würde und Respekt, bei dem man schriftliche Verweise bekommt, seine Kommunikationsprivilegien verliert oder in die Isolationszelle gesteckt wird. Es gibt nur zwei Möglichkeiten im Leben: Man kann aufrecht kämpfen oder auf den Knien leben.* Und für mich endet der Kampf nicht hinter Gittern. Die meiste Zeit verbringe ich mit körperlichem und geistigem Training. Ich arbeite mit anderen hier zusammen, wir tauschen Bücher, treiben Sport und diskutieren über die aktuellen Ereignisse in der Welt, damit wir als leistungsfähige Freiheitskämpfer in die Gesellschaft zurückkehren können.

Richter: Wenn Dein Leben ein Film wäre und Du Regie führen könntest, wie würde es weitergehen? Wie sähe das Ende aus?

Hammond: So etwas wie eine moderne Variante des Sturms auf die Bastille!

Das Interview wurde im April 2015 mithilfe des Gefängnis-E-Mail-Systems »CorrLinks« geführt.
Übersetzung: Nora Pröfrock

---

* In Anlehnung an Emiliano Zapata: »Besser aufrecht sterben, als auf Knien leben!« (Anm. d. Red.)

THOMAS ANDREWS DRAKE

geboren am 22. April 1957 in Louisiana, diente zwischen 1979 und 1989 in der US Air Force. Während seiner Stationierung in Mildenhall (Großbritannien) war er zeitweise damit betraut, den Funkverkehr des Warschauer Paktes abzufangen, indem er mit einem Spionageflugzeug über die DDR flog. Nach zehn Jahren Dienst in der US Air Force ließ er sich zur CIA versetzen und arbeitete im Pentagon als Analyst. 2001 wechselte Drake in das *Signals Intelligence Directorate* der NSA. Binnen eines Jahres wurde er Technischer Leiter der Entwicklungsabteilung und war zuständig für das Testen und Beurteilen von Software. 2005 vertraute sich Drake der Presse an, um die Öffentlichkeit über Verschwendung und Missmanagement bei der NSA aufzuklären und auf die illegalen Überwachungsmaßnahmen der Behörde aufmerksam zu machen. Es ging dabei v. a. um ein Programm namens *Trailblazer*, das ohne gerichtliche Vollmacht Kommunikationsdaten analysierte und so die Privatsphäre der Nutzer verletzte. Das Programm wurde 2006 eingestellt. Drake, gegen den das FBI 2007 Ermittlungen eingeleitet hatte, wurde unter dem *Espionage Act* des Geheimnisverrats angeklagt. Ihm drohten bis zu 35 Jahre Haft. Im Mai 2011 wurde Drake zu einem Jahr Bewährungsstrafe wegen Missbrauchs eines Computersystems verurteilt. Er arbeitet heute in einem *Apple Store* in Washington D.C.

Just Do It

Ein Gespräch mit Thomas Drake

Angela Richter: Wo warst Du am 11. September, und wie hast Du dieses Ereignis erlebt?

Thomas Drake: Ich hatte gerade bei der NSA angefangen. Genau genommen war es sogar mein erster Arbeitstag – ich hatte mich auf eine Anzeige in der *Washington Post* beworben und wurde eingestellt, als *Senior Change Leader*. Es war ein kristallklarer Morgen, und wir waren gerade im *Legislative Affairs Office* mitten in einer Besprechung, als der *Executive Assistant* reinkam ohne anzuklopfen. Er kam einfach zur Tür herein und sagte, dass es irgendeinen abstrusen Unfall gegeben hat. Ein Flugzeug hat einen der Türme des World Trade Centers gerammt. Das war der Moment, der mein Leben für immer verändert hat. Es läuft mir immer noch kalt den Rücken runter, wenn ich an die Dinge denke, die ich in den darauffolgenden Tagen und Wochen mitbekommen habe.

Richter: Was ist passiert? Was hat sich verändert?

Drake: Statt die Anschläge als Sache der Strafverfolgung zu betrachten, wurden sie als die neue existentielle Bedrohung wahrgenommen. Und anstatt sich das Versagen des Geheimdienstapparates und seiner Programme einzugestehen, hat die US-Regierung in tiefster Geheimhaltung ganz bewusst den Entschluss gefasst, sich von der Verfassung abzukoppeln und Programme zu schaffen, die radikal gegen alles verstoßen, wofür dieses Land steht. Es war ein so ungeheuerlicher Terrorakt, dass wir die Genehmigung bekamen, alles Erdenkliche zu tun.

Alles. Es gab keinen vierten Verfassungszusatz mehr, keinen *Foreign Intelligence Surveillance Act*, es gab überhaupt keine Beschränkungen der elektronischen Überwachung mehr. Amerika wurde wie eine auswärtige Nation behandelt – sie haben im Endeffekt angefangen, die gesamte Bevölkerung zu überwachen. Insofern ist der 11. September ein Wendepunkt. Er repräsentiert eine fundamentale Abkehr von den Gründungsprinzipien und -praktiken der Vereinigten Staaten.

Richter: Und all das passierte so schnell.

Drake: Extrem schnell. Das Programm, unter dem all das stattfand, hieß *Stellar Wind*. Es war schlicht und einfach ein Massenüberwachungsprogramm. Vom Weißen Haus wurde es später als das *President's Surveillance Program** bezeichnet. Am 4. Oktober hat Bush eine geheime Anordnung unterzeichnet, die das Programm genehmigt hat. Weil es gegen die Verfassung verstieß, waren nur eine Handvoll Leute involviert. Bereits in den ersten Wochen hatten sie Zugriff auf die Telefonnummern der großen Telefongesellschaften, später auch auf das Internet. *Stellar Wind* breitete sich aus und bildete Metastasen. Ich habe es als »Krebsgeschwür an der Verfassung« bezeichnet. Wenn ich leitende Führungskräfte und sogar Kollegen mit meinen Bedenken konfrontierte, haben sie zu mir gesagt: »Du verstehst nicht, Tom: Wir wissen nicht, wo die Bedrohung ist. Wir müssen Zugang zu allem haben. Wir brauchen die Daten.« Das war das Mantra. Alles sammeln, weil wir es *können*. Es kam niemals wirklich die Frage auf, ob wir das auch tun sollten. Es war wie in der Nike-Werbung: »Just do it.« Im Grunde genommen herrschte Kriegsrecht, angeblich weil es »das Beste für die Nation« war. Die nationale Sicherheit war wichtiger als alles andere. Wir haben ange-

---

* Deutsch: Überwachungsprogramm des Präsidenten. (Anm. d. Ü.)

fangen, die USA in einen Sicherheitsstaat umzuwandeln. Nationale Sicherheit wurde zur Staatsreligion. Man stellte sie nicht infrage. Wenn du sie infrage stellst, stimmt etwas nicht mit dir. Du bist kein Patriot, wenn du sie hinterfragst, und wirst geächtet.

Richter: Es ist Blasphemie.

Drake: Genau. Und man darf nicht vergessen: Die NSA ist eine Militärbehörde, sie wurde 1952 hinter verschlossenen Türen von Truman gegründet. Eine geheime Unterschrift des Präsidenten hat sie ins Leben gerufen, nicht der Kongress. Sie ist eine militärische Organisation, die von einem Drei-Sterne- bzw. Vier-Sterne-General geführt wird.

Richter: Welche Rolle spielte Geld bei dem Ganzen?

Drake: Vor dem 11. September hatte die NSA große Schwierigkeiten, ihren Nutzen zu erklären. Zum Beispiel hatte sie ein Multimilliarden-Dollar-Projekt namens *Trailblazer* genehmigt. Es sollte die Antwort der NSA auf das digitale Zeitalter sein und wurde mit großem Trara im Frühling 2000 von Direktor Michael V. Hayden eingeführt. Die NSA hatte allerdings große Schwierigkeiten, zu erklären, was die Nation für mehr als vier Milliarden Dollar bekommen würde. Plötzlich hatten sie ihre Daseinsberechtigung: Mit Al-Qaida und den damit verbundenen Gruppierungen gab es eine neue existentielle Bedrohung. Die Führungsetage sagte:»Das ist unsere Chance, so viel Geld zu bekommen, wie wir wollen.« Maureen Baginski hat mehrmals gesagt:»Der 11. September war ein Geschenk für die NSA.« Ein Geschenk? Aber sie hatte recht, es gab keine Grenzen. Der Kongress kam zur NSA und fragte:»Wie hoch soll der Scheck sein? Wie viele Nullen am Ende?« Als ob Geld die Antwort wäre … Im Geheimdienst- und Verteidigungssektor begann eine hemmungslose Investitionsorgie.

Die überwiegende Mehrheit des Geldes ging an Unternehmer, Vertragspartner der NSA, und Leute verließen die NSA, um für diese Unternehmen zu arbeiten. »Du willst viel Geld machen, Tom? Mach bei uns mit. Wir vervierfachen dein Gehalt.« Wir machten ständig Witze über die »*Trailblazer* Bar«, wo man sich einfach bedienen konnte. Es gab reichlich Geld für alle. Wozu also Staub aufwirbeln? Warum Fragen stellen? Und warum dieses Problem tatsächlich lösen wollen? Lasst einfach das Geld fließen ... Es gab Vorgesetzte, die davon sprachen, die Situation »auszuschlachten«.

Richter: Wie lange hast Du da mitgemacht?

Drake: Innerhalb von ein paar Wochen habe ich meinen Chef damit konfrontiert, ich habe ihn gefragt: »Was machen wir hier? Wir verstoßen gegen den vierten Verfassungszusatz.« Denn vor dem 11. September galt in der NSA die Richtlinie: Man darf Amerikaner nicht ohne richterliche Anordnung ausspionieren. Diesen Grundsatz hatte man einfach über Bord geworfen.

Richter: Gab es noch andere Leute, die Zweifel hatten oder skeptisch waren?

Drake: William Binney, Kirk Wiebe, Edward Loomis, Diane Roark. Andere waren beunruhigt, aber ich bekam immer wieder die gleichen Sätze zu hören: »Ich war es nicht, der die Anweisungen erteilt hat«, »Ich habe das alles nicht veranlasst«, »Ich mache nur meinen Job«.

Richter: Die klassische Antwort: »Ich folge nur meinen Befehlen.«

Drake: Befehlen zu folgen ist keine Entschuldigung. Man ist nicht nur Zeuge, sondern Komplize eines Verbrechens. Ich habe in den Abgrund geschaut, in diesen ersten Wochen im September und Oktober, und mir ist klar geworden, dass diese Entwicklung enorme Auswirkungen für die Zukunft des Landes, für die Zukunft der Rechtsstaatlichkeit und für die Zukunft der Demokratie in der ganzen Welt haben würde. Also habe ich mich dazu entschieden, von innen heraus dagegen zu kämpfen.

Richter: Wie das?

Drake: Durch interne Kanäle. Ich habe alles versucht. Ich bin zu meinem Chef und zum *Office of General Counsel* gegangen und habe mit dem Generalinspekteur der NSA gesprochen. Ich habe bei zwei Untersuchungen zum 11. September als Zeuge und Whistleblower ausgesagt, vor dem *House Intelligence Committee**, später vor dem Kongress. Ich habe mich auf den *Intelligence Community Whistleblower Protection Act* berufen, weil ich nicht nur mit den Ermittlern kooperiert, sondern auch Informationen an Dritte weitergegeben habe, Tausende zensierter Dokumente über die geheimen Überwachungsprogramme und die Milliarden und Abermilliarden von Dollar, die durch diese Programme verschwendet wurden.

Richter: Wie hat die Regierung darauf reagiert?

Drake: Sie waren hinter mir her. Nachdem die *New York Times* im Dezember 2005 einen Artikel über die illegale Überwachung von US-Bürgern durch die NSA veröffentlicht hatte, wurde eine großangelegte Untersuchung gestartet, um die undichte Stelle zu finden. Ich stand im Verdacht, die Informationen preisgegeben zu haben und wurde im April 2006 auf eine Liste mit Verdächtigen gesetzt. Die Regierung hat

---

* Bezeichnung des Geheimdienstausschusses. (Anm. d. Ü.)

mein Leben bis in den letzten Winkel durchleuchtet. Es wurden fünf Staatsanwälte und 25 FBI-Agenten auf meinen Fall angesetzt, darunter Agenten der sogenannten »Mole Hunting Unit«, die Crème de la Crème des FBI, Agenten, die darauf spezialisiert waren, Spione zu finden.

Richter: Wie fühlt es sich an, wenn man die Macht der Regierung in einem solchen Ausmaß zu spüren bekommt?

Drake: Mir war klar, dass mein Leben nie mehr dasselbe sein würde. Dass so etwas wie Privatsphäre nicht länger existieren würde. Dass wirklich schlimme Dinge passieren konnten. Mir war bewusst, dass ich der Verletzung des *Espionage Act* angeklagt werden könnte – was 2010 passiert ist. Ich wusste, was mit Daniel Ellsberg passiert ist. Er wurde zum »gefährlichsten Mann in Amerika« erklärt, weil er dafür gesorgt hat, dass die geheimen *Pentagon Papers* an die Öffentlichkeit gelangen. In meinem Fall reden wir von einem geheimen, aktiven Massenüberwachungsprogramm. Die Regierung würde bis ans Ende der Welt gehen, um denjenigen zu finden, der es verraten hat. Sie verbringen Jahre damit, dich restlos zu durchleuchten, weil du zum »Staatsfeind« erklärt wurdest, zur »Bedrohung für die nationale Sicherheit«. Sie wollen dich fertigmachen. Und sie werden alles tun, was in ihrer Macht steht. Ich weiß von Leuten, aus dem engeren Umkreis von Dick Cheney, dass er die Anweisung gegeben hat: »Macht alle ausfindig, die Dokumente *geleakt* haben, und macht sie fertig! Macht ihnen die Hölle heiß!«

Richter: Welchen Einfluss hatten die Ermittlungen auf Dein Privatleben?

Drake: Es war schwierig. Ich habe einen elfjährigen und einen zwölfjährigen Sohn, und meine Lebensgefährtin arbeitet bei der NSA, was die Dinge natürlich enorm verkompliziert hat. Es immer noch tut, in vielerlei Hinsicht. Und mein Sozialleben war größtenteils – nun, ich habe lange Zeit in in diesem Umfeld verbracht, beim Militär, der Air Force, dem CIA, der Navy, der NSA …

Richter: Wenn Du die Zeit zurückdrehen könntest, würdest Du etwas anders machen?

Drake: Ich würde früher zur Presse gehen.

Richter: Wirklich?

Drake: Heimlich, anonym.

Richter: Was hat Dich davon abgehalten, von vornherein zur Presse zu gehen?

Drake: Ich wollte alle internen Kanäle ausschöpfen. Und ich habe mit allen Untersuchungskommissionen kooperiert, einige davon zogen sich über mehrere Jahre hin.

Richter: Du warst also der Überzeugung, das System würde Dir eine Gelegenheit geben, die Probleme auf dem Dienstweg zu lösen?

Drake: Ich weiß nicht, ob es eine Überzeugung war. Teilweise hat mich die Tatsache angetrieben, dass wir wussten, was das Problem war: Wie filtert man wichtige Informationen aus gewaltigen Datenströmen? Und es war der NSA tatsächlich gelungen, dieses Problem zu lösen. Es gab vor dem 11. September ein Überwachungsprogramm namens *Thin Thread*, das die Anschläge hätte verhindern können, sie hatten die Technologie, und sie hatten die Informationen. Aber *Thin Thread* war von der NSA und dem Management kurzerhand abgelehnt worden, denn das Programm hätte zur Folge gehabt, dass die Beteiligten hätten Verantwortung übernehmen und Rechenschaft ablegen müssen ... Da wurde einiges im Nachhinein vertuscht, sie haben eine ziemliche Geschichtsfälschung betrieben. Es wurden Dinge verschleiert, die man tatsächlich wusste und die man hätte wissen können.

Richter: Was denkst Du jetzt, nachdem all diese Überwachungsaktivitäten aufgedeckt sind: War die Angst der Regierung vor der Enthüllung ihrer Aktivitäten gerechtfertigt, wenn man die Konsequenzen betrachtet? Gibt es überhaupt Konsequenzen? Ich habe das Gefühl, dass es seit dem 11. September eine fortschreitende Immunisierung stattgefunden hat, eine wachsende Gleichgültigkeit gegenüber diesen Programmen. Vor zehn Jahren hätte man das nicht einfach so hingenommen ...

Drake: Weil es uns nicht direkt beeinträchtigt, und weil es gemacht wird, um uns zu »beschützen« ... Im Namen der nationalen Sicherheit ist alles erlaubt. Hey, ist mir doch egal, wenn sie meine Gespräche belauschen oder meine E-Mails lesen, ich habe schließlich nichts zu verbergen. Ich bin kein schlechter Mensch, ich stelle keine Bedrohung dar, ich bin kein Terrorist. Wenn es dabei hilft, reale Gefahren ausfindig zu machen – sei's drum. Die Leute verstehen nicht, dass solch ein Überwachungsregime soziale Kontrolle zur Folge hat. Bis heute sagen mir Leute, die große Sympathien für meinen Fall hegen: »Ich würde niemals tun, was Sie getan haben. Ich hätte zu niemandem ein Wort gesagt. Weil ich Familie habe, einen Job.« Das ist durchaus vergleichbar mit dem Vorgehen der Stasi: Man traut seinen eigenen Bürgern nicht und zählt darauf, dass die Bürger das wissen und ihr Verhalten anpassen. Du willst ein Teil der Gesellschaft sein und einen Beitrag leisten? Dann beweg dich besser innerhalb der eng gesteckten

Grenzen. Wir werden alles im Auge behalten, wir werden euch immer beobachten, denn wir trauen niemandem. Das ist der Grund, warum es mich immer noch schaudert.

Richter: Würdest Du Dich selbst als Patriot bezeichnen?

Drake: Ich habe einen Eid darauf geschworen, die Verfassung zu unterstützen und gegen alle Feinde zu verteidigen. Das Letzte, was ich tun werde, ist, diesen Eid zu brechen. Ich hätte nie damit gerechnet, dass meine Regierung mich zum Feind erklären, mich zum Sündenbock machen würde. Du wagst es, einen Spiegel hochzuhalten? Wir werden ihn zerbrechen. Das kriminelle Verhalten der Regierung anzuprangern wird zu einer strafbaren Handlung. Das kehrt die Rechtsstaatlichkeit komplett um. Es sind nicht länger die Gesetze, die definieren, was akzeptabel ist und was nicht, sondern die Exekutivgewalt. Und wenn ein Gesetz im Weg steht, dann wird es einfach geändert. Du hast also keine Rechte mehr – du hast Privilegien.

Richter: Worauf steuern wir Deiner Meinung nach zu? Wird das System kollabieren?

Drake: Geschichtliche Zeitabläufe deuten darauf hin, dass es letztendlich in sich zusammenstürzen wird ... Aber ich fühle mich ermutigt, sogar von der deutschen Geschichte. Der weite Bogen der Geschichte neigt sich Richtung Gerechtigkeit, um Martin Luther King Jr. zu paraphrasieren. Ich weiß, ich bin ein Teil davon.

Richter: Welche Rolle haben Deine Erziehung und Dein Elternhaus bei Deinen Entscheidungen gespielt?

Drake: Mein Vater war ein Militäroffizier. Er war ein sehr fordernder

Vater, sehr streng. Ich habe sehr früh gelernt, mit grenzenlosem Misstrauen und Missbrauch umzugehen. Selbst in der Schule, wenn ich mitbekommen habe, was mit denen passierte, die einer Minderheit angehören, die anders sind. Ich kann mich an ein Mädchen erinnern, das aufgrund seiner körperlichen Merkmale als Hexe galt. Sie wurde von den Schülern ausgeschlossen, nur sehr wenige Leute haben überhaupt mit ihr geredet. Mir war sehr früh klar: Man muss Stellung beziehen, man muss sich wehren, sonst wird es irgendjemand missbrauchen. Ich habe es selbst erlebt, schweren Missbrauch, auf jeder erdenklichen Ebene. Wenn man mitbekommen hat, wie Macht missbraucht wird, von Menschen, von Institutionen, von Politikern, dann wird einem klar: Man muss sich für die Machtlosen einsetzen, für die, die sich nicht selbst beschützen können. Es ist wichtig. Es ist wichtig, wer wir sind. Miteinander. Füreinander. Dass wir mit anderen umgehen können, dass wir einander lieben können, dass wir schöpferisch sind – diese Fähigkeiten sind die Essenz, sie sind das Herz unserer Menschlichkeit.

Richter: Hast Du jemals in Betracht gezogen, das Land zu verlassen und woanders zu leben? Ich finde es erstaunlich, dass Du noch immer in Washington lebst ...

Drake: Ja ... Ich hatte die Möglichkeit, im Land zu bleiben und den Kampf von innen heraus zu führen. Was hier auf dem Spiel steht, sind die Freiheit und Unabhängigkeit jedes Einzelnen. Das betrifft nicht nur Amerikaner, sondern die Menschen auf der ganzen Welt – selbst die, die es nicht wissen ... Weißt Du, es ist dieser Satz: »We the people (of the United States), in order to form a more perfect union ...«* Ich

---

* Text der Präambel der Verfassung der Vereinigten Staaten: »Wir, das Volk der Vereinigten Staaten, von der Absicht geleitet, unseren Bund zu vervollkommnen ...« (Anm. d. Red.)

bleibe hier, vor Ort, um den Bund zu vervollkommnen, nicht nur für uns, für uns als Gemeinschaft. Wir haben die Pflicht, uns zu widersetzen. Und wir haben die Kraft, uns für die Souveränität unserer Menschlichkeit einzusetzen, für uns selbst und für unser Miteinander. Darauf kommt es an. Der Rest ist, für mich, Kabuki.

Das Gespräch wurde am 27. Januar 2015 in Berlin geführt.
Übersetzung: Jana Frey

WILLIAM EDWARD BINNEY

wurde in Pennsylvania geboren. Nachdem er 1965–1969 beim *Army Security Agency* (Militärischer Geheimdienst) gearbeitet und sein Studium der Mathematik 1970 an der Pennsylvania State University abgeschlossen hatte, begann er als Analyst bei der NSA. 1997 wurde er zum Technischen Direktor der *World Geopolitical and Military Analysis Reporting Group* ernannt. Dort betreute er etwa 6.000 technische Analysten, die für das Abhören des Auslands zuständig waren. Binney gilt als der beste Analyst, der jemals bei der NSA tätig gewesen ist. In den letzten Jahren seiner Arbeit in der NSA konzentrierte er sich verstärkt auf das Problem der Datenüberlastung. Er und seine Kollegen entwickelten *Thin Thread*, eine Software zur effizienteren Datengewinnung und -analyse, die zugleich die Privatsphäre der US-Bürger schützen sollte. Der damalige NSA-Chef Michael Hayden stellte *Thin Thread* jedoch zugunsten des Programms *Trailblazer* ein. Am 31. Oktober 2001 quittierte Binney nach 36 Jahren den Dienst bei der NSA, weil er das massenhafte und verfassungswidrige Überwachen der US-Bevölkerung nicht mitverantworten wollte. Seine Versuche, im Kongress und in der Bundesanwaltschaft auf diesen Missbrauch aufmerksam zu machen, blieben erfolglos.

Wir können diese Versager aus Washington rauswerfen

Ein Gespräch mit William Binney

Angela Richter: Wo warst Du am 11. September, wie hast Du dieses Ereignis erlebt?

William Binney: Ich war damals in Glen Burnie, Maryland, südlich von Baltimore, ungefähr sechs Meilen von der NSA entfernt, und habe meinen Schwiegervater zum Augenarzt gebracht. Während er untersucht wurde, saß ich im Wartebereich und sah im Fernsehen, wie das erste Flugzeug ins Gebäude einschlug. Es war ein großes Flugzeug und es war ein klarer, sonniger Tag, es konnte also unmöglich ein Unfall gewesen sein. Mir war sofort klar, dass es ein Terroranschlag war, und ich wusste:»Wir sind gescheitert.«

Richter: Daran, den Anschlag zu verhindern?

Binney: Daran, ihn aufzuhalten, ja.

Richter: Und woran genau seid ihr gescheitert?

Binney: An den Datenmengen. Es werden einfach zu viele Daten gesammelt. Rund vier Milliarden Menschen haben ein Telefon oder ein E-Mail-Konto, es gibt weltweit aber nicht mehr als 20.000 Analysten. Das bedeutet, jeder dieser Analysten müsste etwa 200.000 Personen überwachen. Das ist ein Ding der Unmöglichkeit. Durch diese Datensammelwut wird der komplette Geheimdienst lahmgelegt. Nur deshalb gab es den Amokläufer von Fort Hood, deshalb gab es die Attentäter von Boston und Paris, und deshalb gab es den

Times-Square-Bomber. Alle diese Leute waren bekannt. Sie standen entweder persönlich oder elektronisch in Verbindung mit bekannten Terroristen oder terroristischen Organisationen, oder sie besuchten djihadistische Webseiten. Indem die Verantwortlichen ihre Analysen nicht gezielt ausrichten, machen sie uns alle zu potentiellen Opfern derartiger Anschläge.

Richter: Es muss doch ein automatisiertes Verfahren für das gezielte Sammeln und Auswerten von Daten geben.

Binney: Im Jahr 2012 hat man schließlich begriffen, in welch misslicher Lage man sich befand: Längst nicht alle Daten, die gesammelt werden, können auch ausgewertet werden. Also hat das Weiße Haus eine an Wirtschaft und Industrie gerichtete »Big-Data-Initiative« auf den Weg gebracht; es sollen Algorithmen entwickelt werden, die jene Daten aus der Masse filtern, die wichtig sind und eine genauere Überprüfung erfordern. Ich hatte das schon vor dreißig Jahren erkannt: Wir brauchen ein automatisiertes Verfahren zur Analyse von Daten. Das Problem war schon vor dreißig Jahren offensichtlich.

Richter: Kommen wir auf den 11. September zurück. Was hast Du an dem Tag als Nächstes getan? Bist Du zur Arbeit gegangen?

Binney: Na ja, ich habe es zumindest versucht. Nachdem ich meinen Schwiegervater heimgefahren hatte, wollte ich zur NSA, aber man ließ mich nicht rein, weil Direktor Michael V. Hayden einen Anschlag auf das Gebäude befürchtete und alle nach Hause schickte. Ich war bereit, mir ein Gewehr zu schnappen, aufs Dach zu steigen und das nächste Flugzeug in Empfang zu nehmen! Aber das Gebäude wurde geräumt und blieb auch am nächsten Tag geschlossen. Ich habe mich schließlich als Reinigungskraft verkleidet und bin reingekommen. Aber als ich endlich im Gebäude war, stellte ich fest, dass man das Problem überhaupt nicht lösen wollte. Meine Kollegen und ich hatten schon im Jahr 1999 eine Lösung für die bestehenden Probleme – Datenmasse, Verarbeitungsgeschwindigkeit, Auswahl der wichtigen Daten – entwickelt. Aber niemand wollte unsere Lösung umsetzen, es gab andere große Pläne und Programme, und eine Menge Vertragspartner, die weiter mit Geld versorgt werden wollten.

Richter: Das Finanzielle spielte also eine große Rolle?

Binney: Allerdings. Geld war die treibende Kraft. Seit dem 11. September hat man ungefähr eine Billion Dollar für die Geheimdienste ausgegeben. Und was haben wir dafür bekommen? Sie haben sich mit ihrer Sammelwut selbst lahmgelegt.

Richter: Je mehr ich über diese komplexen Zusammenhänge von Wirtschaft, Militär und Geheimdiensten erfahre, desto mehr habe ich das Gefühl, dass alles schleichend außer Kontrolle geraten ist und eine Eigendynamik entwickelt hat. Es werden unglaubliche Mengen an Geld, Energie und Ressourcen aufgesaugt – nur um den Terrorismus zu bekämpfen?

Binney: So lautete zumindest ursprünglich die Begründung. In Wahrheit geht es aber um Strafverfolgung. Wenn sie glauben, dass jemand etwas Falsches tut, können sie in einer Datenbank nachschauen, sich dort alle Informationen holen und sie nachträglich analysieren.

Richter: Also geht es letztlich um Überwachung und Kontrolle.

Binney: Nur darum geht es. Um die Überwachung der Bevölkerung. Und um die Kontrolle von potentiellen Gegnern. Wenn du ein politisches Mandat besitzt, zum Beispiel beim IRS oder im Weißen Haus, und deinen politischen Gegnern Schwierigkeiten bereiten willst, dann findest du hier die Informationen, die du dazu benötigst. Du kannst die *Tea Party* verfolgen, die *Occupy*-Bewegung, jeden deiner politischen Gegner. Die NSA verfügt über die notwendigen Informationen, um jeden Menschen auf der Welt zu erpressen. Jedes Mitglied eines jeden Parlamentes. Jedes Staatsoberhaupt. Einfach jeden.

Richter: Warst Du schon immer skeptisch, was das Sammeln von Daten angeht?

Binney: Wir hatten früher sehr strenge Vorschriften, und die Leute haben sie befolgt. FISA wurde 1978 verabschiedet. Damit wurde geregelt, wie Nachrichtendienste und Behörden beim Sammeln und Auswerten von Daten vorgehen sollten. Es musste ein genau festgelegtes Verfahren eingehalten werden, Informationen wurden gezielt gesammelt. Seit Mitte der 1990er Jahre hat man sich zunehmend mit dem Internet und dem ganzen digitalen Kram beschäftigt und im Zuge dessen angefangen, viel zu viele Daten zu sammeln – und das System hat aufgehört zu funktionieren. Aus diesem Grund waren alle Informationen, die man gebraucht hätte, um den 11. September zu verhindern, schon vorher in den NSA-Datenbanken, man konnte nur nicht darauf zugreifen. Und wie wird darauf reagiert? Indem man noch mehr Daten sammelt! Insofern bedeutet jeder Fehlschlag letztlich, dass man noch mehr Geld verlangen kann, damit man noch mehr Daten sammeln kann. Es ist immer die gleiche Geschichte, weil sie zu dumm sind, um zu begreifen, was sie da tun. Es sei denn, es geht nur darum, an mehr Geld zu kommen und ein Imperium zu errichten. Zu diesem Zweck ist es natürlich gut, Panik zu verbreiten. Panikmache ist nichts als eine weitere Methode, um an noch mehr Geld zu kommen.

Richter: Es scheint keinerlei gesetzliche Einschränkungen zu geben. Jedenfalls hat man seit dem 11. September das Gefühl, dass kein Gesetz die NSA aufhalten kann. Sie tun alles, was machbar ist.

Binney: Na ja, man kann zwar ein Gesetz verabschieden, aber es würde sich sowieso niemand daran halten. Sogar hier in Deutschland, im Bundestag, wird man schwerlich herausfinden, womit sich der BND, also der eigene Nachrichtendienst, befasst. Deshalb sage ich immer wieder: Keine Regierung der Welt kann ihrem Geheimdienst trauen, die verfolgen ihre eigenen Ziele, ohne das du irgendwas davon weißt.

Richter: Der Demokratie wurde nach dem 11. September erheblicher Schaden zugefügt. Kannst Du etwas ausführlicher darauf eingehen, wie Du die Folgen dieses Ereignisses erlebt hast, in Deiner damaligen Position?

Binney: Vier Tage nach dem 11. September wurde beschlossen, fortan alles zu sammeln, alle Informationen über jeden Menschen auf diesem Planeten. Ende September traf das Equipment ein. In der zweiten Oktoberwoche begann das Sammeln von Daten. Zu diesem Zeitpunkt bin ich dahintergekommen und mir war sofort klar, dass ich keine Sekunde länger bei der NSA bleiben kann. Sie haben gegen den ersten, den vierten, den fünften und sogar den sechsten Zusatzartikel zur Verfassung*, gegen das *Pen Register Law*, den *Electronic Communication Privacy Act*, den *Cyberspace Electronic Security Act*, alle FCC-Richtlinien und die US-Bundesgesetze zur Telekommunikation verstoßen. Bei diesen Verbrechen konnte ich nicht mitmachen. Kirk

---

* *First, Fourth, Fifth, and Sixth Amendments of the Constitution:* Die ersten zehn Zusätze zur Verfassung der Vereinigten Staaten von Amerika sind Bestandteile des als *Bill of Rights* bezeichneten Grundrechtekatalogs. (Anm. d. Ü.)

Wiebe und Edward Loomis sind mit mir gegangen. Wir haben den Dienst quittiert.

Richter: Und anschließend hast Du ausgepackt?

Binney: Ja, wir haben uns direkt an den Geheimdienstausschuss gewandt, weil wir davon ausgegangen sind, dass er eine Kontrollfunktion hat. Dieser Ausschuss ist ein sehr gutes Beispiel dafür, wie Leute rekrutiert und eine Demokratie beschädigt werden. Denn es hatte sich Folgendes abgespielt: In der ersten Oktoberwoche 2001 überlegten sich George W. Bush und Dick Cheney, dass sie eine begrenzte Anzahl führender Kongressabgeordneter in die Überwachung verwickeln müssten: Sie würden sich durch dieses Wissen strafbar machen, weshalb sie Bush und Cheney im Zweifelsfall vereidigen würden, um sich selbst zu schützen. Also haben sie ranghohe Mitglieder und die Vorsitzenden der Geheimdienstausschüsse entsprechend instruiert. Insgesamt vier Personen. Diese vier Personen durften weder ihren Stab einweihen, noch Techniker oder Juristen zu Rate ziehen und mussten alles für sich behalten. Sie erklärten sich einverstanden. Damit war Bush in der Lage zu sagen: Wenn ihr gegen mich vorgeht, wenn ihr mich anklagt, dann belastet ihr euch selbst. Er hat sie zu Komplizen gemacht... So rekrutiert man Leute und macht sie zu Handlangern.

Richter: Wurdest Du daraufhin sofort zum Aktivisten?

Binney: Wir sind alle zunächst in der Regierung geblieben. Wir haben versucht, über offizielle Kanäle Einfluss auf sie zu nehmen, von den Geheimdienstausschüssen in Repräsentantenhaus und Senat über den Generalinspekteur des Verteidigungsministeriums bis hin zu Kongressabgeordneten. Wir haben sogar versucht, einen Termin beim Obersten Richter des *Supreme Court* zu bekommen, zwar erfolglos, aber wir haben es zumindest versucht. Wir haben außerdem Beschwerde gegen die NSA eingereicht, wegen Korruption, Betrug, Verschwendung und Amtsmissbrauch.

Richter: Hatte euer Vorgehen konkrete Auswirkungen?

Binney: Das Verteidigungsministerium hat umfangreiche Ermittlungen angestellt, sie haben etwa zwölf Ermittler abgestellt, die sich näher mit der NSA befasst und gut zweieinhalb Jahre dort verbracht haben. Als sie ihren Bericht vorlegten, wurde er sofort vom Verteidigungsministerium, vom Justizministerium und dem Weißen Haus zurückgehalten. Sie haben ihn dann zwar im Internet veröffentlicht, aber was dort steht, ist zu 99 Prozent zensiert. Ein leeres Blatt nach dem anderen.

Richter: Hat man Dich bedroht? Wollte man Dich mundtot machen?

Binney: Aber sicher, man hat das FBI auf uns angesetzt. Die haben unsere Wohnungen gestürmt. Meine Familie und ich wurden mit Waffen bedroht.

Richter: Hattest Du Angst?

Binney: Nein. Ich war beim Militär, wurde also schon vorher von Fremden mit einer Waffe bedroht. Die haben mich einfach nur wütend gemacht.

Richter: Warst Du zu irgendeinem Zeitpunkt in Lebensgefahr?

Binney: Das weiß ich nicht. Die haben diesen Krieg angezettelt, nicht ich. Sie haben Krieg gegen mich geführt, jetzt führe ich Krieg gegen sie. Ich kämpfe immer noch. Sie nicht. Ich habe meine Pflicht getan.

Ich habe in meinem Amtseid geschworen, die Verfassung »zu schützen und zu verteidigen«.

Richter: Würdest Du sagen, dass wir immer noch eine Demokratie haben?

Binney: Nein, das haben wir nicht. Wir haben eine bastardisierte Form von Demokratie, die dabei ist, sehr schnell in Richtung eines totalitären Überwachungsstaates abzudriften. Inzwischen bekämpfen sie das Recht auf freie Meinungsäußerung und freie Berichterstattung. Gegen den Korrespondenten des Senders *Fox News*, James Rosen, wird ermittelt, gegen den Journalisten James Risen, gegen die Nachrichtenagentur *Associated Press*. Das alles ist Teil totalitärer Maßnahmen zur Bekämpfung einer freien, unabhängigen Presse. Chris Hedges, Enthüllungsjournalist in New York, hat gesagt, dass er all seine Quellen verliert. Keiner will mehr mit ihm sprechen. Alle haben Angst. Das bricht dem Enthüllungsjournalismus das Genick. So hat es auch die Stasi gemacht, so hat es der KGB gemacht und so hat es die Gestapo gemacht. Angst schüren, damit niemand den Mund aufmacht.

Richter: Ein wichtiger Unterschied besteht allerdings darin, dass die persönliche Freiheit der Menschen heute so groß ist, dass sich kein Gefühl der Unterdrückung einstellt. Die Menschen stehen dieser Entwicklung gleichgültig gegenüber, weil sie der Illusion von Freiheit unterliegen.

Binney: Goethe hat das so ausgedrückt:»Niemand ist mehr Sklave, als der sich für frei hält, ohne es zu sein.« Das bringt es auf den Punkt. Genau wie die Pawlow'schen Hunde werden wir langsam daran gewöhnt, bestimmte Dinge zu akzeptieren.

Richter: Das ist ziemlich erschreckend. Ich bin über jede neue Enthüllung schockiert, aber viele Leute scheint das einfach nicht zu kümmern. Sie werden derartig mit Informationen überschwemmt, dass sie nicht mehr zwischen wichtigen Fakten und dem Hintern von Kim Kardashian unterscheiden können. Ich habe das Gefühl, das hat eine so negative Dynamik entwickelt, man kann nicht einmal darauf zählen, dass die Menschen sich dagegen empören.

Binney: In den Vereinigten Staaten hatten wir schon seit fast 240 Jahren keinen Diktator mehr. »George III.« sind wir vor ungefähr 240 Jahren losgeworden. Das macht es für uns schwierig zu erkennen, wie sich Unterdrückung in einer Gesellschaft zeigt und wie sie abläuft. In Deutschland ist die Erinnerung an die Stasi und den KGB noch lebendig, ihr versteht diese Mechanismen sehr viel besser. Deshalb sage ich immer wieder, Menschen aus Europa, aus Deutschland, sollten in die USA gehen und dort rufen: Leute, wacht auf! Ein älteres Ehepaar kam zu Thomas Drake, als er in Deutschland zu Besuch war. Sie sagten zu ihm: »Wissen Sie, unser Land ist postfaschistisch, aber Ihr Land ist präfaschistisch und Sie wissen es noch nicht einmal.« So etwas kann man nur begreifen, wenn man selbst ähnliche Entwicklungen erlebt hat.

Richter: Würdest Du Dich selbst als pessimistisch bezeichnen? Bist Du manchmal verzweifelt?

Binney: Tatsächlich werde ich immer optimistischer.

Richter: Wirklich?! Warum?

Binney: Wegen der EFF-Klage* »Jewel vs. NSA«, die infrage stellt, ob das Sammeln von Daten durch die NSA mit der Verfassung vereinbar ist. Die NSA setzt Himmel und Hölle in Bewegung, um eine au-ßergerichtliche Einigung zu erreichen. Wie es aussieht, geht der Fall aber bis vor den *Supreme Court*. Snowdens Enthüllungen sind gerade zur rechten Zeit gekommen, denn die Regierung hat bisher immer argumentiert, es gäbe keine Beweise dafür, dass die NSA uns Schaden zugefügt hat oder Informationen über uns besitzt. Wie auch, wenn alles im Geheimen geschieht?! Das Material von Snowden ist der unwiderlegbare Beweis, dass die NSA Informationen über jedermann hat. Sie kann sich auch nicht mehr auf die »nationale Sicherheit« berufen, weil alles an die Öffentlichkeit gelangt ist. Geheimhaltung ist kein Thema mehr. Es bleibt ihnen nichts anderes übrig, als sich zu stellen. Und wenn in den USA der *Supreme Court* eine Entscheidung trifft, ist sie endgültig. Und ich glaube daran, dass sie sagen werden: Das ist nicht verfassungsgemäß. Wenn das geschieht, steht die NSA vor einem Scherbenhaufen und alle ihre Datenbanken müssen zer-stört werden.

Richter: Das klingt nach einer Utopie.

Binney: Alle Gesetze, die erlassen wurden, um die Aktivitäten der NSA zu legalisieren, werden dann abgeschafft, weil kein Gesetz erlassen werden kann, das nicht verfassungsgemäß ist. Denn das höchste Ge-setz ist die Verfassung der Vereinigten Staaten; sie steht über allem.

---

* Die Bürgerrechtsorganisation *Electronic Frontier Foundation* (EFF) wirft der NSA vor, ohne richterliche Anordnung vertrauliche elektronische Kommuni-kation amerikanischer Bürger abgefangen und gesammelt zu haben. Die Kla-geschrift führt aus, dass die NSA das US-Telekommunikationsunternehmen *AT&T* dazu bewegt hat, ihr einen direkten Zugang zu den Glasfaserkabeln zu ermöglichen – unter Verletzung der Abhörgesetze sowie der Verfassung der Vereinigten Staaten. (Anm. d. Red.)

Sollte es zu so einer Entscheidung des *Supreme Court* kommen, dann sind alle Beteiligten verwundbar, im juristischen Sinn.

Richter: Sie können zur Verantwortung gezogen werden.

Binney: Genau. Deshalb musste die Bush-Regierung im Jahr 2008 auch darum kämpfen, den US-Telekom-Unternehmen rückwirkend Immunität zu gewähren. Weil sie von der ACLU *(American Civil Liberties Union)*, der EFF und verschiedenen anderen Gruppierungen verklagt wurden. Die Strafe für diese Vergehen beträgt bis zu 5.000 Dollar – pro Rechtsverstoß – und fünf Jahre Haft für jeden einzelnen Fall. Ihnen wurden drei Millionen Verstöße pro Tag vorgeworfen. Nach zwei Tagen wären sie bankrott gewesen.

Richter: Also ist die amerikanische Verfassung tatsächlich die letzte Hoffnung?

Binney: Ja. Article 3, Constitution Court.*

Richter: Patriotismus ist für Amerikaner eng mit der Verfassung verbunden, stimmt das?

Binney: Stimmt. Das sind die Grundsätze unserer Regierung. Wenn mich die Presse fragt:»Was sollte Ihrer Meinung nach mit Snowden geschehen?«, dann sage ich, dass ich der Ansicht bin, er sollte bestraft werden. Aber man sollte alles gleichermaßen verfolgen, geltendes Recht anwenden und in chronologischer Reihenfolge vorgehen. Demnach müssen wir zuerst Bush, Cheney, Hayden, George Tenet,

---

* Artikel 3 der Verfassung der Vereinigten Staaten beschreibt die Judikative der USA mit dem *Supreme Court* als höchster Instanz. (Anm. d. Ü.)

die Geheimdienstausschüsse von Repräsentantenhaus und Senat, den FISC, das Justizministerium, den Generalstaatsanwalt und alle ihre Helfershelfer vor Gericht stellen. Jeden aus der NSA, der CIA und dem FBI. Und dann machen wir mit der Obama-Regierung weiter. Und dann mit Snowden.

Richter: Rückblickend erscheint es sehr naiv, aber überall in Europa freute man sich, als Obama Präsident wurde. Die Leute sagten Dinge wie:»Oh, der neue ›schwarze‹ Kennedy …« Dabei war Kennedy ja nun auch kein Engel …

Binney: Die Leute waren voller Erwartungen. Sie waren so voller Hoffnung, dass sie ihm den Friedensnobelpreis verliehen haben, noch bevor er überhaupt irgendetwas getan hatte!

Richter: Das ist so beschämend. Er verfolgt Whistleblower mit aller Härte, von den Drohnenangriffen ganz zu schweigen. Glaubst Du, es wäre mit den Republikanern an der Macht genauso gelaufen?

Binney: Bush hat damit angefangen, und er ist Republikaner. Ein Demokrat folgt und ist doppelt so hart. Bush ließ mutmaßliche Terroristen entführen und foltern, um an Informationen zu gelangen. Obama tötet sie mit Drohnen, er tötet sie und alle, die sich anschließend dem Opfer nähern. Sie bringen das Zielobjekt um, warten, bis sich Leute nähern, und bringen diese dann auch um. Ich nenne das»willkürliches Abschlachten«. Wenn man als Passant jemand blutend auf der Straße liegen sieht, dann versucht man doch, ihm zu helfen. Warum sollte man dafür umgebracht werden? Das ist unamerikanisch. Das ist mit der Verfassung nicht vereinbar.

Ich schlage daher Folgendes vor: Gemäß Artikel 5 der Verfassung können wir eine Verfassunggebende Versammlung der Vereinigten

Staaten* einberufen, an der niemand aus Washington teilnimmt. Wir können Vertreter aller Staaten versammeln und diese Versager aus Washington rauswerfen. Wir können sie einfach ausschließen. Und wir können die Verfassung ändern und gleichzeitig ratifizieren. Stimmen 75 Prozent der Bundesstaaten dem zu, ist die Verfassung rechtsgültig. Auf diese Weise beseitigen wir den Interessenkonflikt zwischen unserem *Attorney General*** und dem Justizministerium, und die Macht, die dahintersteckt, übertragen wir auf die US-Bundespolizei, die örtliche Polizei, die Bürgerwehren und die Nationalgarde, die alle unter staatlicher Kontrolle stehen.

Richter: Das klingt nach einem guten Plan!

Das Gespräch wurde am 28. Januar 2015 in Berlin geführt.
Übersetzung: Regina Jourdan

---

*   Im Original: *States' Constitutional Convention.*
** Siehe Fußnote S. 62.

BARRETT LANCASTER BROWN

wurde am 14. August 1981 in Dallas geboren. Schon während der Grundschulzeit produzierte er mithilfe seines Computers eine eigene Zeitung. Im Jahr 2000 studierte er zwei Semester an der University of Texas in Austin Journalistisches Schreiben. Seither ist Brown als freier Journalist tätig. In seinen Artikeln, die er u. a. für den *Guardian*, die *Huffington Post* und *Vanity Fair* schrieb, machte er schon sehr früh auf die Verflechtung von Staat und privaten Sicherheitsfirmen aufmerksam. 2010 gründete er *Project PM*, eine Online-Rechercheplattform, auf der sich Journalisten und andere Unterstützer um eine bessere Aufbereitung und Analyse der riesigen Datensätze bemühen, die durch *Anonymous* oder WikiLeaks veröffentlicht werden. Da Brown aktiv bei *Anonymous* mitwirkte, wurde das FBI auf ihn aufmerksam. 2011 postete Brown einen Link auf *Project PM*, der zu Daten führte, die *Anonymous* bei einem Hack des privaten Informationsdienstleisters *Stratfor* entwendet hatte. 2012 wurde Brown in diesem Zusammenhang verhaftet und in 12 Punkten angeklagt. Ihm drohten bis zu 105 Jahre Haft. 2015 wurde er in drei Anklagepunkten zu insgesamt 63 Monaten Haft verurteilt. Zudem muss er eine Entschädigung in Höhe von 890.000 US-Dollar an das Unternehmen *Stratfor* zahlen.

The Day Irony Died

Ein Essay von Barrett Brown

Ich war gerade aufgewacht und rauchte meinen Morgenjoint, als ich den Fernseher anschaltete und von einer Reihe von Ereignissen erfuhr, die man heute allgemein als den »11. September« bezeichnet. Meine Erinnerungen an den Tag sind verschwommen, ich habe mich aber für die Einzelheiten des Angriffs ohnehin nie in dem Maße interessiert wie für die Art und Weise, in der die führenden Medien – und somit auch der Großteil der amerikanische Öffentlichkeit – mit den Geschehnissen umgehen würden. Woran ich mich noch genau erinnern kann, ist der Moment, in dem ich realisiert habe, dass die Medien keinerlei Anstalten machen würden, konstruktiv oder auch nur einigermaßen vernünftig auf die Ereignisse zu reagieren, und mir klar wurde, dass mit dem gesamten amerikanischen Establishment etwas fundamental nicht stimmte: Noch im Monat der Anschläge haben angesehene Nachrichtenkommentatoren allen Ernstes verkündet, und zwar mehrfach, dass es gut sein könne, dass die Ironie jetzt tot ist. Nach einem Jahrhundert voller Massenmorde und totalitärer Unterdrückung, nach Verbrechen, deren Grausamkeit einzigartig ist in der gesamten Geschichte der Menschheit, sollte ein recht überschaubares Unheil, das den Vereinigten Staaten widerfahren ist, das Ende aller politischen Satire bedeuten. Diese aberwitzige Vorstellung war eine echte Offenbarung für mich. Mir wurde klar, dass das amerikanische Establishment (also diejenigen, die im Großen und Ganzen mit der aktuellen politischen Lage in Amerika zufrieden sind und eine gewisse Rolle darin spielen) nicht nur unfähig war, das Land zu regieren – es scheiterte selbst daran, Regierungsfähigkeit zu simulieren. Es hatte jede Verhältnismäßigkeit und allen moralischen Anstand vollkommen aus den Augen verloren. Natürlich kann eine herrschende Klasse auf moralischen Anstand verzichten (was sie ja auch zumeist tut), aber ein gewisses Gespür für Verhältnismäßigkeit ist unerlässlich.

Müsste ich anhand eines einzigen Beispiels demonstrieren, dass die amerikanische Öffentlichkeit von heute im Vergleich zu früher manches zu wünschen übrig lässt, würde ich zwei Ausgaben des beliebtesten Nachrichtenmagazins des Landes hochhalten. In der rechten Hand hätte ich eine Ausgabe des *Time Magazine* von 1964, die ich als Teenager irgendwo gefunden habe, ein dickes, textlastiges Heft, das Beiträge zu allen erdenklichen Aspekten des gesellschaftlichen und kulturellen Lebens enthält. In der anderen Hand hätte ich ein Exemplar des *Time Magazine* von 2014, das mir letztes Jahr untergekommen ist. Die Ausgabe ist sehr viel dünner und besteht hauptsächlich aus Bildern und Infografiken. Die Titelgeschichte gewährt, in den Worten des Magazins, »einen tiefen Einblick in die Stornierungspraxis von Fluggesellschaften«. Wir Amerikaner sind in vieler Hinsicht bessere Menschen als Mitte des letzten Jahrhunderts, und Amerika ist sicherlich ein lebenswerteres Land geworden. Es führt aber kein Weg an der Erkenntnis vorbei, dass unser offensichtlichster kollektiver Charakterzug – unser *Geist*, wenn ich mir einen der so nützlichen deutschen Begriffe ausborgen darf – von hemmungsloser Ich-Bezogenheit geprägt ist.

Aber darum ging es mir nach dem 11. September genauso wenig, wie es mir heute darum geht. Das amerikanische Volk ist nicht dazu verpflichtet, würdevoll, kulturell gebildet, angenehm im Umgang oder gar moralisch zu sein. Es hat jedoch die Pflicht, die riesige, undurchsichtige, hoch entwickelte Spionage- und Überwachungsmaschinerie, die in seinem Namen entstanden ist, adäquat zu verwalten. Oder, wenn es dazu nicht in der Lage ist, zu zerstören. Stattdessen hat die amerikanische Bürgerschaft jedoch zugelassen, dass dieser neuartige Organismus seit dem Zweiten Weltkrieg im Verborgenen Metastasen bildet; und selbst diejenigen Kongressabgeordneten, die eigentlich mit seiner Kontrolle betraut wären, haben so gut wie keinen Einblick in das, was sich hinter den Kulissen abspielt.

Trotz intensivster Bemühungen bestimmter Gruppierungen inner- und außerhalb der Regierung, die dunklen Aspekte unseres konstitutionellen Polizeistaats geheim zu halten, wissen wir eine ganze Menge. So haben wir durch das mit dem Pulitzer-Preis ausgezeichnete Buch *Legacy of Ashes* [Tim Weiner: *CIA – Die ganze Geschichte.* Frankfurt a. M. 2009] erfahren, dass es der CIA so gut wie nie gelingt, ihre außenpolitischen Ziele umzusetzen. Gleichzeitig ist sie bereit und willig, gegen die eigenen Statuten zu verstoßen, sich auf die abstoßendsten und blutrünstigsten Machenschaften einzulassen, bis hin zum Sturz demokratischer Regierungen und der tatkräftigen Unterstützung von Diktaturen. Aus einer anderer Quelle wissen wir, dass das FBI einen Großteil seines bisherigen Bestehens damit zugebracht hat, politisch unliebsame Dissidenten in den USA illegal zu beschatten und deren Aktivisten-Netzwerke durch gewaltsame und betrügerische Maßnahmen zu stören, zu diskreditieren und zu bedrohen. Man konzentrierte sich dabei besonders auf schwarze Anführer der Bürgerrechtsbewegung wie Martin Luther King. J. Edgar Hoover, der berüchtigte, langjährige Direktor des FBI, verfolgte King mit einer ungesunden, ja geradezu gewaltsamen Besessenheit. Es ist erwähnenswert, dass uns diese Aktivitäten nur bekannt sind, weil eine Gruppe von Anti-Kriegs-Aktivisten in ein FBI-Einsatzbüro eingebrochen ist, Dokumente gestohlen, anschließend kopiert und die Kopien an große Tageszeitungen versendet hat. Nur deshalb wissen wir von *COINTELPRO* – so der Name des jahrzehntealten Programms, unter dem diese Verbrechen verübt wurden. Der Kongress leitete daraufhin eine Untersuchung ein und das Programm wurde eingestellt. Bestraft wurde dafür allerdings niemand. Wobei es an Versuchen nicht gemangelt hat, zugegebenermaßen – das FBI hat sehr viel Zeit und Energie darauf verwendet, die verantwortlichen Aktivisten zur Strecke zu bringen. Sie hatten es gewagt, eine weitverbreitete, von offizieller Stelle genehmigte Verschwörung zur Kontrolle des politischen Lebens der Republik öffentlich zu machen. Und neben all dem gibt es ja auch noch die Machenschaften der NSA, die den Deutschen zweifellos allmählich ein Begriff sein dürften.

Das chronische Desinteresse der amerikanischen Bürger an diesem geheimen, von ihren Steuergeldern finanzierten Schatten-Staat wäre schon an sich ein gravierender Bruch ihrer Bürgerpflicht, selbst wenn nichts über diese Vorgänge bekannt wäre. Wir wissen jedoch eine ganze Menge darüber – die oben angeführten Beispiele sind nur einige der Highlights. Was sollen wir von einer solchen Bürgerschaft halten? Welche Rechte sollten wir jenen dunklen, willkürlichen Institutionen einräumen, die in unserem Namen operieren – allen neuen Enthüllungen zum Trotz, die zeigen, dass diese Institutionen Verbrechen gegen jene demokratischen Einrichtungen begehen, die sie doch eigentlich beschützen sollten?

Es gibt viele besonnene und wohlmeinende Menschen, die zwar über die sogenannten Exzesse oder Fehler der jeweils gewählten Regierung beunruhigt sind, aber dennoch darauf bestehen, dass die Gesetze befolgt werden müssen und jegliche Beschwerden ausschließlich über von diesen Gesetzen festgelegte Kanäle erfolgen dürfen. In gewisser Weise ist diese Ansicht bewundernswert; nimmt man sie jedoch beim Wort, hat das die außerordentlichsten Absurditäten zur Folge. Ich gebe Ihnen hier eines von vielen möglichen Beispielen: Wenn in den Vereinigten Staaten alle Gesetze auf Bundes- und Staatsebene konsequent und wirksam umgesetzt würden, säßen heute mindestens fünfzig Millionen US-Bürger wegen Straftaten im Zusammenhang mit Drogen, Prostitution und Glücksspiel im Gefängnis. Die USA wären ein Gulag-Staat, der alles, was im 20. Jahrhundert passiert ist, in den Schatten stellt. Ein solcher Staat ließe sich nur durch Erklärung eines permanenten Kriegszustands im eigenen Land aufrechterhalten. Wir müssen uns die Details nicht weiter ausmalen, diese Vorstellung ist offensichtlich absurd. Und doch ist dieses Szenario nichts weiter als die logische Schlussfolgerung, zu der man unweigerlich gelangt, wenn man die Doktrin der demokratischen Unfehlbarkeit zu Ende denkt. Diese Republik unterscheidet sich also nur so lange von einem landesweiten Konzentrationslager, wie die von den Bürgern und deren Vertretern erlassenen Gesetze nicht in die Praxis umgesetzt werden.

Daraus kann man zwei mögliche Schlussfolgerungen ziehen. Entweder, dass ein solches System weiterbestehen, oder, dass es abgeschafft werden muss. Ich glaube, es muss abgeschafft werden. Nichtsdestotrotz glaubt der Durchschnittsamerikaner, das System müsse weiterbestehen, weil es vom Rechtsstaat so bestimmt worden ist – was wir zu respektieren haben – und weil die Alternative Willkürherrschaft wäre. Daher lautet mein zweites Argument, dass Rechtsstaatlichkeit in einem Gemeinwesen nicht entsteht, indem man sie einfach verkündet und dann ein paar Institutionen aus dem Boden stampft, die angeblich ihrer Aufrechterhaltung dienen. Rechtsstaatlichkeit herrscht nur dann, wenn sie konsequent und ohne jede Unterscheidung umgesetzt wird. Es muss gewährleistet sein, dass eine gut vernetzte, mächtige Partei, die im Interesse der Mächtigen wichtige Gesetze bricht, grundsätzlich ebenso strafrechtlich verfolgt wird wie ein Aktivist, der ein weniger bedeutendes Gesetz zugunsten einer Sache bricht, die den Mächtigen ein Dorn im Auge ist. Sonst haben wir keinen Rechtsstaat. Wenn Regierungsbehörden routinemäßig Gesetze brechen oder Dritte zu

Gesetzesbrüchen ermuntern und niemand deswegen angeklagt wird, während gleichzeitig diejenigen, die das Gesetz gebrochen haben, um diese gesetzwidrigen Vorgänge publik zu machen, mit allen Mitteln von dieser verbrecherischen Behörde verfolgt werden – dann kann von Rechtsstaatlichkeit nicht die Rede sein. Besonders dann, wenn die Gesetze von Regierungsbehörden gebrochen werden, die eigentlich für die Wahrung der Gesetze zuständig sind. In einem solchen System, in dem der Staat auswählt, wer für ein Verbrechen verfolgt wird und wer nicht – ob aus ideologischen oder rein pragmatischen Gesichtspunkten –, herrscht keine Rechtsstaatlichkeit. Wir haben es vielmehr mit einem *Rechtsvollzugsstaat* zu tun.

2008 wurde ich gebeten, ein Buch über die Versäumnisse der nationalen Medien zu schreiben. Im Zuge meiner Recherche arbeitete ich mich durch Zeitungskolumnen aus den vergangenen fünfzehn Jahren, die von Pulitzer-Preisträgern wie Thomas Friedman von der *New York Times* und Charles Krauthammer von der *Washington Post* verfasst worden waren. Ich stellte fest, dass beide in zahlreichen ihrer wichtigsten Prognosen nachweislich vollständig danebenlagen, ohne diese Versäumnisse durch besonders treffende Einsichten wieder wettzumachen. Krauthammer war es tatsächlich gelungen, den Ausgang aller größeren militärischen Eingriffe der Vereinigten Staaten seit der Kosovo-Kampagne von 1998/99 falsch vorherzusagen. Trotzdem wurde er unerklärlicherweise weiter als eine Art Militärexperte und wichtigster Fachmann der Konservativen gehandelt. Derweil ließ Friedman im Jahr 2000 verlauten, Wladimir Putin sei ein grandioser demokratischer Reformer, der die russische Politik liberalisieren würde, und erklärte an anderer Stelle, der chinesische Staat würde nicht versuchen, den Zugang seines Volkes zum Internet einzuschränken. Und doch ist unser derzeitiger Präsident mit einem Buch dieses Herrn als Urlaubslektüre gesehen worden. (Wohlgemerkt, dies sind nur einige wenige der amüsanteren Beispiele; an anderer Stelle habe ich noch weit mehr aufgeführt.) Vor diesem Buchprojekt hatte ich nur die vage Vermutung, unsere Medien könnten möglicherweise nicht ganz der Aufgabe gewachsen sein, als Nervensystem einer komplexen imperialen Republik des 21. Jahrhunderts zu fungieren. Als mir dann das volle Ausmaß des Problems zu dämmern begann, entwarf ich eine Organisation, die als *Project PM* bekannt wurde.

Zu Anfang hatte *Project PM* nur eine einzige, überschaubare Funktion: Leute wie Friedman und Krauthammer zumindest ansatzweise von ihren Schlüsselpositionen im öffentlichen Leben zu verdrängen, und zwar, indem wir ein negatives Feedback schaffen, das bislang in der Medieninfrastruktur gefehlt hatte. Um das zu erreichen, sollte ein Ad-hoc-Verband aus fähigen Bloggern und Kommentatoren gebildet werden, die in einer bestimmten Woche alle gleichzeitig damit beginnen würden, auf die tatsächliche Leistung dieser angesehenen Experten aufmerksam zu machen und so eine Situation schaffen, die von den Mainstream-Medien nicht ignoriert werden kann. Das hätte zumindest dazu beitragen können, den öffentlichen Einfluss dieser Leute zu schmälern und gleichzeitig auf das Scheitern einer Nation aufmerksam zu machen, in der es möglich ist, enormen Einfluss auf die öffentliche Diskussion zu gewinnen, obwohl man nachweislich wiederholt versagt hat. Gleichzeitig würde es als nützliches Experiment in Sachen Reform durch Crowdsourcing dienen – etwas, dass sich im weiteren Verlauf unseres Jahrhunderts gewiss noch als notwendig erweisen wird.

Ich fing an, Mitstreiter durch Artikel anzuwerben, die ich damals für amerikanische Publikationen wie *Vanity Fair* und den *Skeptical Enquirer* schrieb. Dabei erhielt ich auch Anfragen von Leuten, die zwar nicht in den Medien arbeiteten, aber Interesse hatten, sich an der übergeordneten Sache zu beteiligen, die ich mit *Project PM* verfolgte:

der Suche nach neuen Möglichkeiten, das Internet durch Online-Kollektive für bestimmte Zwecke zu nutzen. Gemeinsam mit diesen Leuten bildete ich ein eigenes, experimentelles Aktivisten-Netzwerk, das zwar die Organisationsplattform von *Project PM* benutzen, aber eigene Ziele verfolgen sollte.

Inzwischen hatte ich außerdem mein Interesse an *Anonymous* wiederaufleben lassen, einer Bewegung, die bis dahin vor allem als eine Art Online-Dada-Subkultur bekannt war, sich ab 2008 aber zunehmend durch Aktivismus in öffentlichen Angelegenheiten hervortat. Ich hatte bereits über die breitgefächerte Anti-*Scientology*-Kampagne von *Anonymous* geschrieben, die mich durch ihrer Wirksamkeit beeindruckt hatte. Jetzt, zwei Jahre später, starteten Mitglieder von *Anonymous* eine neue Kampagne gegen die australische Regierung, machten mit Cyberattacken gegen staatliche Websites auf die geplante Internetzensur-Gesetzgebung aufmerksam und experimentierten zugleich mit anderen Methoden der Informationskriegsführung. Ich war mir sicher, dass die selbst organisierende Struktur der Bewegung eine revolutionäre neue Möglichkeit bot, eine wirkungsvolle Opposition gegen mächtige Institutionen zu schaffen. Nachdem ich dieser Ansicht in einem Artikel Ausdruck verliehen hatte, kontaktierte mich einer der Hauptorganisatoren von *Anonymous,* und wir begannen, über den Konflikt zwischen verstreuten bürgerlichen Zusammenschlüssen und traditionellen Nationalstaaten zu diskutieren, ein Konflikt, der vielen von uns zunehmend unvermeidlich erschien. Als Ende 2010 zahlreiche tunesische Staatsangehörige innerhalb der *Anonymous*-Bewegung andere Mitglieder dazu aufforderten, den beginnenden Aufstand technisch und im Bereich der Kommunikation zu unterstützen, wurde auch ich gebeten mitzumachen. Während sich die Proteste in der Region ausbreiteten, richtete ich *Project PM* neu ein, um die Arbeit von *Anonymous* in diesen und anderen Belangen zu unterstützen.

Im Februar 2011 verkündete Aaron Barr, ein Dienstleister des staatlichen Geheimdiensts und CEO der Firma *HBGary Federal*, dass er wichtige Mitglieder von *Anonymous* ausfindig gemacht habe, ein Treffen mit dem FBI bezüglich seiner Ergebnisse sei angesetzt. Am nächsten Tag brachen *Anonymous*-Hacker in die Server seiner Firma ein, stellten 70.000 E-Mails sicher und veröffentlichten sie sofort. Eine rasche Durchsicht der E-Mails ergab, dass die Firma u. a. daran beteiligt war, Cyberangriffe und Kampagnen zur Einschüchterung und Desinformation gegen WikiLeaks, den Journalisten Glenn Greenwald und linke Aktivistengruppen durchzuführen. Auftraggeber waren die Bank of America und die amerikanische Handelskammer, der Plan wurde zudem vom Justizministerium unterstützt. Barr trat im Zuge dieser Enthüllungen von seinem Posten zurück. Sonst kamen alle ungeschoren davon, und der Vorschlag, diese Verschwörung durch den Kongress untersuchen zu lassen, wurde von einem republikanischen Abgeordneten mit guten Verbindungen zum Geheimdienst-Dienstleistungssektor im Keim erstickt. Spätestens jetzt war klar, dass derartige, vom Justizministerium unterstützte Verbrechen gegen Aktivisten, die sich für Informationsfreiheit und Transparenz einsetzen, keine Strafen nach sich ziehen würden, während Mitglieder von *Anonymous* schon aufgrund des bloßen Verdachts geringfügiger Gesetzesübertretungen – wie zum Beispiel *DDoS*-Angriffe auf Firmenwebsites im Rahmen von Protestaktionen – reihenweise Hausdurchsuchungen über sich ergehen lassen mussten, die das FBI im Zuge landesweiter Ringfahndungen durchführte. Also änderte ich die Funktion von *Project PM* erneut, denn die Analyse der *HBGary*-Akten und die Publikation der Ergebnisse schien mir die bestmögliche Verwendungsweise der Plattform. Immerhin handelte es sich bei den *HBGary*-Akten um die Korrespondenz aus mehreren Jahren mit zahlreichen anderen führenden im Geheimdienst- und Überwachungsbereich angesiedelten Firmen sowie dem Pentagon, der NSA und der CIA. Schon bald hatten wir die Website *echelon2.org* eingerichtet, auf der wir unsere Funde veröffentlichten.

Natürlich waren bestimmte Gruppen innerhalb der Regierung und ihrer Partnerunternehmen nicht besonders glücklich über diese Tatsache. Besonders das Justizministerium hatte guten Grund zur Besorgnis, tat ich doch mein Möglichstes, ein Vorgehen publik zu machen, das inzwischen selbst von Mainstream-Medien und Kongressabgeordneten als eine gefährliche kriminelle Verschwörung bezeichnet wurde, die von *Anonymous* vereitelt worden war. Innerhalb eines Monats erreichte das FBI der erste geheime Durchsuchungsbefehl gegen mich, im Laufe der Untersuchung meiner Aktivitäten kamen ein halbes Dutzend weitere dazu. Als man ein Jahr später immer noch nichts gefunden hatte, durchsuchten bewaffnete Agenten meine Wohnung und das Haus meiner Mutter und beschlagnahmten Laptops, Aufzeichnungen, Telefone und Festplatten. Der Durchsuchungsbefehl für diesen Einsatz nannte *echelon2.org* und *HBGary* als »Themen von Interesse«. Kurz darauf drohte der leitende Ermittlungsbeamte, meine Mutter wegen Justizbehinderung anzuklagen, und hoffte, mich damit zur Kooperation zu bewegen (eine beliebte Taktik des FBI, wie man aus öffentlich einsehbaren Akten entnehmen kann: weibliche Verwandte einer Zielperson werden unter Anklage gestellt. Im Normalfall bekennt sich die Zielperson schuldig, und die Anklage gegen die weibliche Verwandte wird im Gegenzug fallengelassen). Wenige Monate später gelangten weitere E-Mails an die Öffentlichkeit. Diese E-Mails bewiesen, dass *HBGary* heimlich einen FBI-Informanten dafür bezahlt hatte, etwas zu finden, das zu meiner Festnahme führen würde. Daraufhin stellte ich ein Video mit einer detaillierten Beschreibung dieser Verschwörung auf YouTube, forderte die Aufhebung der angedrohten Strafverfolgung meiner Mutter und drohte meinerseits mit einer Überprüfung des Ermittlungsleiters. Schon am nächsten

Tag wurde ich von einem Sondereinsatzkommando überwältigt und festgenommen. Bizarrerweise lautete die Anklage, ebenjenen Ermittlungsleiter mit dem Tode bedroht zu haben.

Einige Monate darauf wurde ich des Identitätsdiebstahls in elf Fällen angeklagt. Der Vorfall, auf den sich die Anklage bezog, lag ein Jahr zurück. Ich hatte damals mit Copy-and-paste einen Link zu einer Datei veröffentlicht, die von einer regierungsnahen Spionage-Firma namens *Stratfor* gestohlen worden war. Sie enthielt, wie sich herausstellte, auch Kreditkartendetails von Kunden. Die fragliche Datei war bereits öffentlich zugänglich und auch schon von anderen Journalisten als Teil der Story per Link verbreitet worden. Ich hatte nichts weiter getan, als diesen Link von einem *Anonymous*-Chatroom in einen von *Project-PM*-Mitarbeitern frequentierten Chatroom zu kopieren, damit der Inhalt der Datei auf weitere Verstöße durchsucht werden konnte. Die Chat-Protokolle belegen, dass ich nicht wusste, dass die Datei Kreditkarteninformationen enthielt. Die regierungseigene Spurensicherung musste später außerdem zugeben, dass ich die heruntergeladene Datei selbst nie geöffnet hatte; auch der Staatsanwalt beschuldigte mich nie, die Kreditkarten selbst benutzt zu haben. Allein für diesen Teil der Anklage drohten mir mindestens 22 Jahre Gefängnis, zusätzlich zu dem, was ich für den Besitz der Datei, die erfundene »Todesdrohung« sowie Justizbehinderung (weil ich meine Laptops vor dem FBI versteckt hatte) bekommen würde. Alles in allem standen mir 105 Jahre Haftstrafe bevor.

Selbst die sonst eher leichtgläubigen Mainstream-Medien begannen langsam nachzufragen, was wohl die wahren Beweggründe für meine Anklage seien, so sehr häuften sich die Absurditäten. Als Unterstützer Geld für meine Verteidigung sammelten, versuchte die Regierung, diese Mittel zu beschlagnahmen. Als ich mich an die Presse wandte, um Sachfehler seitens der Regierung publik zu machen, wurde ich, was meinen Fall betrifft, mit einem Redeverbot belegt. (Wie das Gerichtsprotokoll dieser Sitzung belegt, hat die Anklage doch tatsächlich den Richter gebeten, mir jede Kritik an der Regierung zu untersagen – ich schrieb damals aus dem Gefängnis Artikel für den *Guardian* und andere Publikationen. Vor dieser Sitzung hatte die Regierung in ihrem Gesuch zur Unterstützung des Redeverbots notiert, ich sei sowohl Atheist als auch Anarchist. In einer späteren Eingabe, noch vor der Urteilsverkündung verfasst, wurde mein Anarchismus als Grund angeführt, warum meine Haftstrafe länger ausfallen sollte.) Man versuchte überdies, per Gerichtsbeschluss an die IP-Adressen der Mitwirkenden von *echelon2.org*-Wiki zu kommen, obwohl nie wirklich begründet werden konnte, welcher Zusammenhang zwischen den IP-Adressen und den Anklagepunkten gegen mich besteht. Um den etwas dürftigen Anklagepunkt »Todesdrohung« in ihrer Klageschrift auszupolstern, schrieb man mir das Zitat »Dead men can't leak … illegally shoot the son of a bitch«* zu, das ich angeblich über den fraglichen FBI-Agenten auf meinem Twitter-Account gepostet haben sollte. Die Wahrheit ist aber, dass es sich dabei um den Ausspruch des *Fox*-Kommentators Bob Beckel handelt, der im nationalen Fernsehen zum Mord an Julian Assange aufgerufen hatte. Ich habe diesen Ausspruch missbilligend zitiert, weiter nichts. Beckel wurde wegen dieses Mordaufrufs selbstverständlich nie angezeigt, was an sich schon Bände über die Vorgehensweise des FBI spricht: Es werden nur diejenigen verfolgt, die ideologisch nicht genehm sind. Assange selbst artikulierte öffentlich seine Verwunderung darüber, dass sich die amerikanische Regierung auf derartig bizarre Manöver einlässt. Auch dies ist nur ein kleiner Auszug aus den Rechtsbrüchen, zu denen

---

* Deutsch: »Wenn er nicht mehr lebt, kann er nicht mehr *leaken* … Knallt den Hurensohn doch einfach illegal ab.« (Anm. d. Red.)

es in meinem Fall kam; eine vollständige Auflistung findet sich an anderer Stelle.

Nachdem ich zweieinhalb Jahre lang aus verschiedenen Gefängnissen, in denen man mich ohne Bewährung festhielt, für meine Freilassung gekämpft hatte, wurde ich zu fünf Jahren Haft verurteilt. Zudem wurde ich gezwungen, über 800.000 Dollar Wiedergutmachung an *Stratfor* zu zahlen. Und zwar, weil ich die Firma, nachdem sie gehackt worden war, angerufen und ihr angeboten hatte, gemeinsam mit den Hackern alle Inhalte zu schwärzen, die ihre in Diktaturen lebenden Geschäftspartner gefährden könnten. Das Urteil sowie die einzelnen Anklagepunkte gegen mich wurden weltweit von der Presse, von Nichtregierungsorganisationen und selbst von Mitgliedern ausländischer Regierungen angeprangert.

Ich schreibe diesen Bericht in einem texanischen Gefängnis. Natürlich wäre ich lieber wieder auf freiem Fuß. Gleichzeitig ist meine Situation aber bestens dazu geeignet, eine einfache Tatsache zu illustrieren, die für das gegenwärtige Amerika von immenser Bedeutung ist. Sie wurde lange von der Mehrheit der Medien ignoriert, obwohl sie seit dem 11. September immer offensichtlicher geworden ist: Die Institutionen dieser Republik sind kaputt, und niemand wird sie von innen heraus reparieren. Mit der Zeit, wenn immer mehr der potentiellen Opfer dieses Staates hier im eigenen Land und im Ausland diesen Umstand begriffen haben, werden sich Lösungen abzeichnen.

Geschrieben im April 2014, im Gefängnis »Federal Correctional Institution, Seagoville«, Dallas/Texas
Übersetzung: Mirga Nekvedavicius

Snowden

EDWARD JOSEPH SNOWDEN

wurde am 21. Juni 1983 in Elizabeth City, North Carolina, geboren. 2006 begann er als IT-Experte für die CIA zu arbeiten. Neben zahlreichen Dienstreisen war er zwei Jahre in der US-amerikanischen Mission in Genf als Techniker tätig (Deckname: Dave M. Churchyard). Im Frühjahr 2009 wechselte er zum Computerhersteller *Dell*, der in Japan die Wartung der NSA-Netzwerke übernommen hatte. Zunächst in Tokio arbeitend, versetzte ihn *Dell* 2012 nach Hawaii, in eine Dependance der NSA auf der Pazifikinsel Oahu. Bereits hier begann Snowden mit dem systematischen Sammeln von Material. Im März 2013 nahm er eine Stelle als Systemadministrator bei *Booz Allen Hamilton* an, eine Technologieberatungsfirma, deren Mitarbeiter nicht nur die Infrastruktur der NSA verwalten, sondern auch an Geheimdienstoperationen beteiligt sind. Hier hatte Snowden umfassenden Zugriff auf jene Informationen, die er im Juni 2013 den Journalisten Glenn Greenwald, Laura Poitras und Ewen MacAskill in Hongkong übergab. Ab dem 6. Juni 2013 erschienen erste Geschichten zu den NSA-Dokumenten, u. a. zu den Spähprogrammen *Prism* und *Tempora*. Die bis heute andauernden Enthüllungen der weltweiten Überwachungs- und Spionagepraktiken von Geheimdiensten – überwiegend der Vereinigten Staaten und Großbritanniens – machen Snowden zur Schlüsselfigur der größten Geheimdienstaffäre seit dem Ende des Kalten Krieges. Snowden wird seit dem 14. Juni 2013 vom FBI mit internationalem Haftbefehl gesucht. Er lebt zurzeit in Russland, das ihm Asyl gewährt.

Die Lektion des 11. September besteht darin, KEINE Angst vor Terroristen zu haben

Ein Gespräch mit Edward Snowden

Angela Richter: Wo warst Du am 11. September, und wie hast Du erfahren, was passiert ist?

Edward Snowden: Ich war gerade auf dem Weg nach Fort Meade, wo sich das Hauptquartier der NSA befindet. Zu der Zeit habe ich nicht für die NSA gearbeitet, sondern für ein Privatunternehmen. Fort Meade war damals ein offener Stützpunkt, jeder konnte hineinfahren. Ich hörte im Radio von den Anschlägen. Als ich ankam, sah ich, dass die Sicherheitsmaßnahmen verschärft worden waren. Es waren mehr Menschen da, mehr Polizeiautos als sonst. Mein Boss sagte zu mir, ich müsse wieder nach Hause fahren, weil sie den Stützpunkt dicht machten. Sie haben wahrscheinlich angenommen, die NSA wäre ein potentielles Ziel.

Richter: Was hast Du in dem Moment gedacht? War Dir klar, was als Nächstes passieren würde?

Snowden: Nein, aber meine Familie machte sich große Sorgen, weil wir alle in irgendeiner Form für die Regierung gearbeitet haben. Mein Vater ist jetzt pensioniert, aber damals arbeitete er noch für das Militär. Meine Mutter arbeitete für die Justiz. Mein Großvater hat zu der Zeit beim FBI gearbeitet, und wir glaubten, er wäre an dem Tag im Pentagon. Die Telefonnetze funktionierten an dem Tag nur sporadisch. Später hat sich herausgestellt, dass er gar nicht dort gewesen war.

Richter: Wie würdest Du die Auswirkungen beschreiben, die der Terroranschlag hatte? Was hat sich seither verändert?

Snowden: Er hatte eine tiefgreifende und traumatische Wirkung auf eine Menge Amerikaner, mich selbst eingeschlossen. Ich habe der Regierung vertraut, ihren Aussagen über die »wahren Verhältnisse« in der Welt Glauben geschenkt. Schon deshalb, weil ich mit all diesen Verbindungen zur Regierung aufgewachsen bin. Kurz darauf begannen die Vorbereitungen für den Irak-Krieg, und sehr viele Leute waren skeptisch. Aber ich habe mich 2003 freiwillig gemeldet, um meinen Beitrag zu leisten. Ich glaubte den Behauptungen der Regierung. Warum sollte sie uns anlügen? Ich war naiv. Und in vielerlei Hinsicht bin ich auch heute noch naiv und idealistisch. Aber ich glaube, das ist wichtig. Ich glaube, dass wir bereit sein müssen, anderen zu vertrauen. Wir müssen bereit sein, etwas aufs Spiel zu setzen. Wenn wir überhaupt Fortschritte machen wollen, müssen wir bereit sein, etwas zu riskieren, damit unser Gemeinwesen und unsere Gesellschaft davon profitieren. Wir können uns nicht vollständig abschotten. Ich habe die Erfahrung gemacht, dass wir bereit sein sollten, anderen Menschen zu vertrauen, aber nicht den Regierungen. Denn ein Mensch aus deinem Umfeld kann dein Vertrauen zwar missbrauchen, der Schaden, den er anrichten kann, ist jedoch sehr begrenzt. Eine Regierung hingegen hat die Macht, dein Land, deine Gesellschaft, die Zukunft deiner Familie für den Rest deines Lebens von Grund auf zu verändern. Sie kann das Gleichgewicht der Kräfte in der Welt zerstören und den Frieden gefährden.

Richter: Ist das die Lektion des 11. September?

Snowden: Genau. Obwohl es einen schweren Terrorangriff gab und er viele Menschenleben gekostet hat, besteht die Lektion des

11. September darin, *keine* Angst vor Terroristen zu haben. Denkt man in größeren Zeiträumen, dann haben wir mehr Menschenleben durch Herzinfarkte, Autounfälle, Polizisten, Blitzeinschläge, ja sogar Stürze in der Badewanne verloren, als durch Terroristen. Unsere Reaktion auf den 11. September – fehlgeleitete Kriege, illegitime Invasionen, Missbrauch öffentlicher Mittel – hat mehr Menschen das Leben gekostet als der 11. September selbst. Am 12. September hätte Amerika die Möglichkeit gehabt, die Welt in ein neues Jahrhundert zu führen, weil jedem klar war, was für eine Tragödie sich am Tag zuvor ereignet hatte. Amerika hatte das Mitgefühl der ganzen Welt, selbst das seiner schärfsten Kritiker. Amerika hätte zur moralischen Autorität werden können, was für alle mehr Sicherheit bedeutet hätte. Man kann das Terrorproblem nicht dadurch lösen, dass man Leute umbringt. Man kann einen Krieg nicht dadurch beenden, dass man Menschen umbringt. Wenn man Menschen tötet, die von einer Ideologie angetrieben werden, radikalisiert man die Menschen in ihrem Umfeld, ihre Angehörigen, ihre Mitarbeiter, ihre Nachbarn.

Richter: Thomas Drake hat mir erzählt, dass man zu seiner Zeit bei der NSA jeden Betrag verlangen konnte, den man haben wollte. Die Angst vor neuen Anschlägen hat dazu geführt, dass plötzlich nahezu unbegrenzte Mittel zur Verfügung standen.

Snowden: Diese Verflechtung von politischem Einfluss und Angst birgt große Gefahren. Das passiert inzwischen in fast allen westlichen Gesellschaften. Da wir ein derart angenehmes Leben führen und unser Lebensstandard so hoch ist, dass es in unserem Alltagsleben keine Risiken mehr gibt, kann man uns sehr leicht Angst einjagen. Diese Angst kann zu einer mächtigen Waffe werden, sie lässt sich leicht instrumentalisieren. Ob von Rüstungskonzernen, die an Geld kommen wollen, oder von Politikern und politischen Parteien selbst. Alle

Politiker, die behaupten, sie wollten für unsere Sicherheit sorgen, sagen die Unwahrheit. Und sie schaden der Gesellschaft, nicht nur durch schlechte Gesetze und eine fehlgeleitete Politik, sondern indem sie Ängste schüren und uns so anfällig für Manipulationen und psychologische Erpressung machen. Wir müssen Politiker unterstützen, die uns die Wahrheit sagen, denn nur eine solche Politik kann Terrorismus überwinden.

Richter: Kannst Du das erläutern?

Snowden: Man wird uns angreifen. Es wird immer Verbrecher auf der Welt geben, das Böse wird auch in Zukunft in einem gewissen Maß existieren. Aber wir können mehr Gutes bewirken als sie Böses, indem wir zusammenarbeiten und uns gegenseitig beschützen. Indem wir gemeinsam freie und offene Gesellschaften erschaffen, die Terroristen und Gewalttäter isolieren. Es wird niemand mit ihnen leben, niemand mit ihnen zusammenarbeiten, niemand an dieser Gewalt teilhaben wollen, denn sie bringt nichts hervor als noch mehr Gewalt. Derartige Aussagen bekommt man von Politikern nicht zu hören, weil sich so etwas nicht in sieben Worten sagen lässt: »Wir wollen nicht, dass das wieder passiert.« In einem solchen Statement kommt das nicht rüber. Realität ist: Politiker haben gar nicht die Macht, zu verhindern, dass es wieder passiert.

Richter: Also schlägst Du vor, dass wir mit der Drohung eines Terroranschlags leben sollten, anstatt zu versuchen, ihn durch Verschärfung der Überwachungsmaßnahmen zu verhindern?

Snowden: Wir überwachen die ganze Welt. Wir haben inzwischen mehr als eine Million Menschen auf einer Beobachtungsliste (und das ist nur *eine* Beobachtungsliste). Und trotzdem gibt es noch immer

Terroranschläge, überall auf der Welt. Wir haben so viel Geld investiert, so viel politischen Aufwand in neue Gesetze und neue Programme zur Massenüberwachung gesteckt, dass uns zur traditionellen, zielgerichteten Überwachung die Mittel fehlen, zur guten, alten Polizeiarbeit, die schon immer wirkungsvoll war. Der australische Premierminister hat gesagt, dass sie vor der Geiselnahme in Sydney innerhalb von drei Tagen achtzehn verschiedene Anrufe erhalten haben, die sie vor demselben Individuum warnten. Sie sind jedoch derart damit beschäftigt, alles zu sammeln, derart tief darin verstrickt, jeden zu beobachten und uns alle zu überwachen, dass sie nichts gemerkt haben.

Richter: Also scheint das System selbst dumm zu sein.

Snowden: Indem wir alle beobachten, verstehen wir nichts. Das ist das Grundproblem. Ich war an dem Tag bei der NSA, als der Bombenanschlag beim Boston-Marathon stattfand. Ich saß in der Kantine und redete mit einem meiner Kollegen, als wir es in den Nachrichten sahen. Ich drehte mich zu ihm um und sagte: »Ich gehe jede Wette ein, dass wir die Leute kennen, die das getan haben.« Später stellte sich heraus, dass wir konkrete Hinweise auf die Täter hatten: Wir wussten dank ausländischer Geheimdienste, dass sie Gegenden besucht hatten, die seit langem Verbindungen zum Extremismus haben, und dass sie sich mit aktenkundigen Extremisten getroffen hatten. Wir tragen Milliarden und Abermilliarden von Daten zusammen und wissen, wen Oma auf ihrem Handy anruft und was sich Schüler für SMS schicken – während die wenigen bedrohlichen Akteure im Rauschen untergehen. Die Verteilung der Mittel funktioniert nicht. Wir investieren in Programme, die uns keinerlei Sicherheit verschaffen, und vernachlässigen solche, die es könnten.

Richter: Dann erfüllt das System seinen Zweck nicht.

Snowden: Exakt. Das Weiße Haus hat zwei verschiedene Untersuchungskommissionen eingesetzt, um die Programme zu überprüfen. Sie kamen zu dem Ergebnis, dass die Programme nicht nur unnötig sind, sondern noch nie funktioniert haben. Sie haben keinen einzigen Terroranschlag in den Vereinigten Staaten verhindert. Politiker verkaufen uns diese Überwachungsprogramme mit dem Argument, sie seien notwendig, um Leben zu retten. Tatsächlich sind sie hilfreich, um allgemeine Informationen zu sammeln. Sie sind hilfreich, wenn man wissen will, wie die Unternehmensfinanzierung durch Banken aussieht. Sie sind erstaunlich gut geeignet, um Merkel und Dilma Rousseff und Ölgesellschaften auszuspionieren. Und UNICEF! Das Kinderhilfswerk der Vereinten Nationen. Sie spionieren das Kinderhilfswerk aus … Diese Programme liefern keine Sicherheit, sondern Macht: Ich weiß immer, wo du bist. Ich weiß, wo du hingehst. Ich weiß, was du dir gekauft hast. Ich weiß, wohin du reist. Mit wem du geredet hast. Mit wem du schläfst. – Ich weiß das, weil ich hinter dem Schreibtisch gesessen und diese Aufzeichnungen gelesen habe. Das war mein Job.

Richter: Die Leuten wissen zwar, dass diese Dinge passieren, aber sie denken, es geschieht nicht mit mir, ich bin nicht wichtig genug. Deshalb ist es so schwierig, Menschen von der Gefahr zu überzeugen, die diese Entwicklung für unsere Gesellschaft bedeutet.

Snowden: Die Menschen machen einen Unterschied zwischen dem Sammeln von Daten und der Verwendung von Daten. Und sie haben recht damit, dass diese Informationen nicht sofort gegen sie verwendet werden. Andernfalls wüssten sie es: Sie wären im Gefängnis oder stünden vor Gericht. Dass diese Daten gesammelt werden, ist Fakt, egal ob sie benutzt werden oder nicht. Indem du das zulässt, verlierst du die Kontrolle über deine Zukunft, denn du gewährst dem Staat vollständigen Einblick in dein Leben und überlässt ihm damit die Entscheidung, was mit dir passiert. Wenn der Staat alles über dich weiß, und dich beispielsweise eines Verbrechens beschuldigen will, das du nicht begangen hast – glaubst du, du könntest den Prozess gewinnen? Es entsteht ein Machtgefälle, das von der Regierung leicht missbraucht werden kann. Es gibt in den Vereinigten Staaten ungefähr 4,7 Millionen Menschen, die Zugang zu diesen Informationen haben, eine Gruppe von Leuten, denen die Regierung vertraut. Und eine sehr viel größere Gruppe, denen sie nicht vertraut, gewissermaßen Bürger zweiter Klasse.

Richter: Sie wollen also in der Lage sein, rückwirkend gegen uns zu ermitteln, falls wir ihnen irgendwie gefährlich werden?

Snowden: Ja. Ich glaube aber, die wahre Bedrohung durch Massenüberwachung liegt darin, dass sie *präkriminelle* Ermittlungen ermöglicht. Wir versuchen, Aktivitäten zu verhindern, bevor es zu ihnen kommt. Wir können jemanden als Verbrecher identifizieren, bevor er das Verbrechen begangen hat, und wir können ihn verhaften, ihn mithilfe eines neuen Gesetzes vor Gericht stellen und ins Gefängnis werfen ... Sagen wir, das würde funktionieren. Sagen wir, wir können so den Terrorismus verhindern, wir können Morde verhindern, wir können Überfälle, Eigentumsdelikte, Autodiebstähle, wir können jedes Verbrechen verhindern.

Richter: Was wäre daran so schlecht?

Snowden: Wenn Regierungen Handlungen im Voraus verhindern, und seien es auch furchtbare Handlungen, untergraben sie die Grundlagen unserer westlichen, liberalen Tradition. Unser Rechtssystem, unser Justizsystem beruht auf der Idee, dass man ein Verbrechen begehen muss, um für das Verbrechen vor Gericht gestellt zu werden. Außerdem ist etwas, nur weil es gesetzmäßig ist, in moralischer Hinsicht nicht unbedingt richtig. Sklaverei war gesetzmäßig. Alles, was Diktatoren in der Vergangenheit getan haben, war gesetzmäßig. Das Richtige zu tun bedeutet nicht unbedingt, sich an das Gesetz zu halten. Wir müssen also die Gesellschaft, wir müssen die Bürger, wir müssen jeden Einzelnen fragen: Wem gehört deine Loyalität? Bist du dem Gesetz treu oder deiner ethischen Verantwortung? Dem Gesetz oder der Moral? Manchmal werden schlechte Gesetze verabschiedet, und wir haben nicht nur das Recht, sondern die Pflicht, gegen sie zu verstoßen.

Richter: Betrachtest Du Dich als Verräter?

Snowden: Wenn Leute mich als Verräter bezeichnen, sage ich: Inwiefern ist das bitte eine Beleidigung?!?! So hat man unsere Gründerväter damals auch genannt, unsere ganze Staatsgründung beruht auf Verrat. Wenn wir die Geschichte der westlichen Zivilisation betrachten, dann sehen wir, dass nahezu jeder Fortschritt durch einen radikalen Verstoß gegen die herrschenden Gesetze erzwungen werden musste. Denk an das Frauenwahlrecht, die Bürgerrechtsbewegung, die Sozialpolitik, an Rassengleichheit und die gleichgeschlechtliche Ehe… Niemand sagt »die Homo-Ehe ist okay«, solange nicht ein Homosexueller aufsteht und sagt:»Ich habe es verdient, mir aussuchen zu können, wen ich heiraten will.« Und dieser Mensch steht alleine da und fordert das Gesetz heraus. Wenn so jemand identifiziert werden kann, noch bevor er oder sie einen derartigen Gesetzesbruch begeht, dann wird es keinen Fortschritt geben. Es gäbe noch heute Sklaverei, wenn die Menschen, die gegen die Sklaverei gekämpft haben – sich also gegen das herrschende Gesetz gewandt haben –, im Voraus identifiziert und strafrechtlich verfolgt worden wären. Dieselben Maßnahmen, die einen Verrückten daran hindern, ein Feinkostgeschäft zusammenzu-schießen, hindern uns gleichzeitig daran, eine offene, freie, gerechte Gesellschaft zu erschaffen.

Richter: Wenn so etwas zur Zeit von Galileo Galilei schon möglich gewesen wäre, würden wir noch immer glauben, dass sich die Sonne um die Erde dreht.

Snowden: Das stimmt! Genau. Er war ein Ketzer.

Richter: Es entsteht also eine Form der Gedankenkontrolle, der Kontrolle des freien Willens. Ich will selbst wählen können, ob ich eine Bank überfalle oder ob ich ein neues System erfinde.

Snowden: Es geht weniger um die Kontrolle von Gedanken als darum, Normen zu schaffen. Sie sagen, was normales und was unnormales, »moralisches« und »unmoralisches« Verhalten ist. Wenn du deine Entscheidungen, dein politisches Denken, dein Verständnis von dem, was richtig und falsch ist, dein gesamtes Leben in Übereinstimmung mit dem Gesetz gestaltest, dann räumst du einem kleinen Kreis von Personen Macht über die Gesamtheit deines Lebens ein, die nichts weiter getan haben, als ein paar Worte auf ein Stück Papier zu schreiben. Das ist das Problem.

Richter: Eines der Argumente, das von Regierungen vorgebracht wird, wenn sie ihre Programme verteidigen, lautet: Wir sammeln keine Inhalte, nur die Metadaten. Es geht nicht darum, was du bei dem Anruf sagst, es geht nur um Daten im Zusammenhang mit diesem Anruf.

Snowden: Wenn man genug Metadaten hat, braucht man den Inhalt nicht. Wir töten Leute auf der Grundlage von Metadaten. Dafür war das *Shenanigans*-Programm gedacht: Sie schießen mit Raketen auf Handys mit eindeutigem Zuordnungsmerkmal. Das Problem ist nur, dass sie nicht wissen, wer das Handy in der Hand hat. Das ist der Grund, weshalb so viele Unschuldige bei amerikanischen Drohnenangriffen sterben. Der Terrorist kann mit seinen Terroristenkumpeln telefonieren, und am Ende des Tages gibt er das Handy seinem Neffen oder versetzt es in der lokalen Pfandleihe. Es ist ihm egal, was mit dem Handy passiert – denn jede Hochzeitsfeier, die mit einer Drohne beschossen wird, bedeutet nur, dass sich mehr Leute Al-Qaida anschließen.

Richter: Noch einmal zurück zur Frage der Ressourcen und Ressourcenverteilung. Was wäre Deiner Meinung nach sinnvoll?

Snowden: Man kann die Frage nach der Verteilung der Mittel noch aus einer gänzlich anderen Perspektive betrachten, und ich glaube, Europäer verstehen dieses Argument leichter als Amerikaner: Die Regierung der USA investiert jährlich 75 Milliarden Dollar in militärische und zivile Sicherheitsprogramme. Wie viele Leben pro Jahr haben diese 75 Milliarden gerettet? Und wie viele Menschen sind dem Terrorismus im schlimmsten Jahr zum Opfer gefallen? Es waren 3.000 am 11. September. Wie viele Leben könnte man mit 75 Milliarden Dollar pro Jahr retten, wenn wir damit den Menschen helfen würden, die vor Hunger sterben? Die sterben, weil es keine adäquate medizinische Versorgung für sie gibt? Letzten Endes läuft es auf die Frage hinaus: Was hat einen größeren Nutzen für die Gesellschaft? Das sind die Argumente, die wir von Politikern brauchen, dieses Ausmaß an Differenziertheit. Das ist der nächste notwendige Schritt. So wird auch diese dunkle Zeit der Massenüberwachung schließlich enden. Noch ist diese Ansicht nicht populär, Angst ist momentan ein zu wirkungsvolles Mittel. Doch Politiker übersehen den Umstand, dass die Menschen der Angst überdrüssig werden. Angst funktioniert sehr gut und funktioniert lange Zeit, aber sie funktioniert nicht für immer und ewig.

Richter: Warum gibt es keine Politiker, die eine solche Position vertreten?

Snowden: Die meisten Politiker kümmern sich nicht darum, was langfristig im besten Interesse der Gesellschaft ist. Sie sind nur an kurzfristigen Ergebnissen interessiert, an Dingen, mit denen ihr Name in Verbindung gebracht wird. Sie kümmern sich darum, was an diesem Abend, in dieser Woche, in diesem Monat, in diesem Wahlkampf in den Nachrichten kommt. Und deshalb werden sie jede Anfälligkeit, jede Schwachstelle in der Öffentlichkeit, in den Medien, in der Gesellschaft ausnutzen. Solange wir diese Dynamik nicht ändern, werden wir es leider mit einer Raubtierpolitik zu tun haben.

Richter: Gibt es eine Chance, dass sich diese Dynamik tatsächlich ändert?

Snowden: Ich bin optimistisch. Wir haben schon die Anfänge einer »Post-Terror«-Politiker-Generation gesehen. Wir hören einige wenige mutige Stimmen, die anfangen, über diese Probleme nachzudenken und neue Argumentationslinien zu entwickeln. Und ich glaube, das sind Themen, die nicht nur den Terrorismus betreffen, sondern auch die Außenpolitik, den Krieg, die Frage nach Gleichheit, nach sozialer und ökonomischer Gerechtigkeit. Wir sollten nicht darüber nachdenken, was die Regierung tun *kann*, sondern was sie tun *sollte*, im Rahmen des Möglichen. Wir sollten uns nicht darauf konzentrieren, was legal ist, sondern darauf, was moralisch ist. Das ist meiner Meinung nach das Rezept für eine gute Staatsführung. Und ich glaube, wir werden dorthin kommen. Im Moment mag es finster aussehen, aber wir haben auch früher schon finstere Zeiten durchgestanden und haben doch stets Fortschritte gemacht. Auch wenn es manchmal schwer ist, es zu sehen – das Leben wird besser.

Richter: Glaubst Du an Gott? Oder hast Du je an ihn geglaubt?

Snowden: Ich bin weder gläubig noch ungläubig. Ich würde sagen, ich bin Agnostiker. Sollte es einen Gott geben, könnte er meiner Meinung nach sehr viel barmherziger sein. Es wäre traurig, wenn es ein höheres Wesen gäbe, das ein solches Ausmaß an Leid in der Welt zulässt. Ich werde aber keinem Menschen sagen, dass sein Glaube wertlos ist oder dass er nicht weiß, was er empfindet. Persönlich würde ich allerdings gerne einen Beweis sehen. Ich finde, ein Zeichen wäre angebracht. Eine Botschaft.

Richter: Wenn Dein Leben ein Film wäre und Du wärst der Regisseur – wie würde es von hier aus weitergehen?

Snowden: Ich glaube nicht, dass ich bestimmen will, wie es weitergeht. Ich mag nicht mal Regie führen. Ich will mich nicht in eine Position bringen, in der ich sage: Das ist der Plan, so und so wird es sein. Ich mag Konsens, ich mag Diskussionen, ich rede gern mit Leuten und höre mir an, welche Vorstellungen sie haben. Was denkst du? Wie soll es weitergehen? Wie soll es aussehen? Das ist für mich immer interessanter gewesen. Wenn ich einen Film machen würde, würde ich lieber in einer Besprechung sitzen, als ihn alleine auszuarbeiten.

Das Gespräch wurde am 27. Februar 2015 in Moskau geführt.
Übersetzung: Jochen Stremmel

CHELSEA ELIZABETH MANNING

Chelsea (ehemals Bradley) Manning wurde am 17. Dezember 1987 in Crescent, Oklahoma geboren. 2007 trat Manning in die Armee ein, ließ sich zur Nachrichtenanalystin ausbilden und erhielt die Zulassung zur Geheimhaltungsstufe »Top Secret«. Während Manning im Irak stationiert war, hatte sie über das Rechnernetz des Außen- und Verteidigungsministeriums der USA Zugang zu geheimen Informationen. Zwischen 2009 und 2010 kopierte sie zahllose Dokumente und gab sie anschließend an WikiLeaks weiter. Das Material veröffentlichte WikiLeaks in mehreren Tranchen unter den Titeln *Cablegate, Afghan War Diary, Iraq War Logs* und *Collateral Murder*. Als Motiv für ihr Handeln gab Manning an, sie habe der Öffentlichkeit die Möglichkeit geben wollen, sich über die Kriegsführung und die Außenpolitik der USA selbst ein Urteil bilden zu können. In einem mehrtägigen Internetchat vertraute Manning ihrem Chatpartner Adrian Lamo an, besagte Daten auf eine Audio-CD gebrannt und an WikiLeaks weitergegeben zu haben. Lamo informierte daraufhin das FBI. Am 26. Mai 2010 wurde Manning im Irak verhaftet und sah sich in der Folge entwürdigenden Haftbedingungen ausgesetzt. Am 21. August 2013 wurde sie zu 35 Jahren Haft verurteilt, unter anderem wegen Geheimnisverrats, Spionage, Computerbetrugs und Diebstahls. Am 22. August 2013 erklärte Manning in einer öffentlichen Verlautbarung, eine Frau zu sein und eine Hormonersatztherapie zur geschlechtlichen Angleichung beginnen zu wollen. Seit dem 23. April 2014 ist ihre Namensänderung rechtskräftig. Sie heißt seither Chelsea Elizabeth Manning.

Ein Gespräch mit Chelsea Manning war bisher nicht möglich, siehe Vorwort, Seite 21.

GLOSSAR

ACLU – *American Civil Liberties Union.* Eine 1920 gegründete US-amerikanische Nichtregierungsorganisation mit Sitz in New York City, die sich für den Erhalt und die Verteidigung der Bürgerrechte einsetzt.

AFGHAN WAR DIARY – Das *Kriegstagebuch des Afghanistan-Krieges* ist ein am 25. Juli 2010 von WikiLeaks ins Netz gestelltes Kompendium aus Frontberichten von Soldaten und Geheimdienstmitarbeitern. Es gewährt einen umfassenden Einblick in die Abläufe des NATO-Einsatzes in Afghanistan und die prekäre Sicherheitslage vor Ort und enthält außerdem eine detaillierte Auflistung von Todesopfern. Zudem belegen die Dokumente erstmals die Existenz einer geheimen US-Spezialeinheit namens *Task Force 373*, die auf mutmaßliche Talibananführer Jagd macht. Als Informantin von WikiLeaks gilt Chelsea Manning (ehemals Bradley Manning).

ALIEN AND SEDITION ACTS – 1798 vom Kongress verabschiedete Gesetze, die die Privilegien des Präsidenten gegenüber Ausländern erweiterten und das Veröffentlichen staatskritischer Schriften unter Strafe stellten. Drei der vier Gesetze wurden bereits 1802 wieder abgeschafft, da sie als verfassungswidrig galten. Lediglich der *Alien Enemies Act* ist heute noch in Kraft und erlaubt dem Präsidenten die Verhaftung und Abschiebung von Ausländern, wenn es sich um Bürger eines Landes handelt, mit dem sich die Vereinigten Staaten im Kriegszustand befinden.

AMERICAN BAR ASSOCIATION – 1878 gegründeter Berufsverband, dem Rechtsanwälte, Richter und Studenten der Rechtswissenschaft angehören. Zentrale Aufgabe ist die Akkreditierung der juristischen

Ausbildung an amerikanischen Universitäten. Der Abschluss eines Studiums an einer *ABA*-akkreditierten Hochschule ist in den USA zumeist eine formale Voraussetzung für die Teilnahme an der Anwaltsprüfung sowie für die Zulassung als Anwalt in einem anderen Bundesstaat.

ANONYMOUS – Ein loses Kollektiv, das sich in sozialen Netzwerken organisiert und seit 2008 zunehmend politisch motivierte Protestaktionen durchführt, die sich vor allem gegen Zensur und Unterdrückung richten. Bekannt wurde die Gruppe u. a. durch *Project Chanology* – einer Reihe von Protestaktionen gegen Scientology – sowie durch die *Operation Payback*, bei der *DDoS*-Angriffe auf Gegner der Enthüllungsplattform WikiLeaks verübt wurden.

BHOPAL MEDICAL APPEAL – Eine Organisation, die sich für die Überlebenden der Chemiekatastrophe im indischen Bhopal einsetzt. Am 3. Dezember 1984 traten aufgrund technischer Pannen in einer Fabrik des US-Konzerns *Union Carbide* mehrere Tonnen giftiger Stoffe in die Atmosphäre. Nach direktem Kontakt mit der Gaswolke starben tausende Menschen an den unmittelbaren Folgen. Es gab außerdem bis zu 500.000 Verletzte, die mitunter bis heute unter den Folgen des Unfalls leiden. Unzählige von ihnen erlitten Hirnschäden, Lähmungen, Lungenödeme, Herz-, Magen-, Nieren-, Leberleiden und Unfruchtbarkeit. Später kamen Fehlbildungen bei Neugeborenen und Wachstumsstörungen bei heranwachsenden Kindern hinzu.

BIG DATA INITIATIVE – Eine im Jahr 2012 von Obamas Administration lancierte nationale Forschungs- und Entwicklungsinitiative. Ziel ist die Förderung neuer Technologien, um zukünftig die Verwaltung und Analyse großer Datenmengen zu gewährleisten.

BLACK PANTHER PARTY – Eine 1966 in Kalifornien gegründete sozialistische revolutionäre Bewegung des schwarzen Widerstands in den USA, die versuchte, gewaltsam ihre Ziele durchzusetzen.

BND – Der Bundesnachrichtendienst ist neben dem *Bundesamt für Verfassungsschutz* (BfV) und dem Amt für den *Militärischen Abschirmdienst* (MAD) einer der drei deutschen Nachrichtendienste des Bundes und als einziger deutscher Geheimdienst für die Auslandsaufklärung zuständig.

BOSTON MARATHON BOMBINGS – Am 15. April 2013 verübter Terroranschlag auf den Boston-Marathon. Durch die Explosion von zwei in Rucksäcken versteckten Sprengsätzen wurden drei Menschen getötet und 264 weitere verletzt. Als Täter gelten die Brüder Tamerlan und Dschochar Zarnajew.

CABLEGATE – Unter diesem Titel veröffentlichte WikiLeaks im November 2010 Depeschen US-amerikanischer Botschaften aus dem Zeitraum Dezember 1966 bis Februar 2010. Die Depeschen geben einen detaillierten Einblick in das politische Tagesgeschäft der 274 US-Botschaften weltweit. Sie enthalten zahlreiche Kommentare und Einschätzungen einzelner Diplomaten zu unterschiedlichen Aspekten ihrer Tätigkeit, u. a. Rüstungspolitik, Arbeit der Geheimdienste, Terrorismusbekämpfung, auswärtige Beziehungen, Spannungen im Nahen Osten, Lobbyismus verschiedener Unternehmen und Unterstützung von Diktaturen. Als Informantin von WikiLeaks gilt Chelsea Manning (ehemals Bradley Manning).

CESA – *Cyberspace Electronic Security Act.* Ein nicht umgesetzter Gesetzesentwurf aus dem Jahr 1999, mit dem die Clinton-Regierung den Sicherheitsbehörden den Zugang zu verschlüsselten Dateien ermöglichen wollte.

CFAA – *Computer Fraud and Abuse Act.* Ein 1986 erlassenes Gesetz, das den Zugriff auf ein Computersystem ohne Autorisierung unter Strafe stellt.

CHARLIE HEBDO – Am 7. Januar 2015 verübten die Brüder Saïd und Chérif Kouachi einen Anschlag auf die Redaktion der Satirezeitschrift *Charlie Hebdo* in Paris. Sie töteten elf Menschen sowie eine weitere Person auf der Flucht. Am 8. Januar 2015 erschoss Amédy Coulibaly im Süden von Paris eine Polizistin und überfiel am Tag darauf einen Supermarkt für koschere Waren. Bei dem Überfall mit anschließender Geiselnahme kamen vier weitere Menschen ums Leben. Coulibaly bezog sich bei seinem Vorgehen auf den Anschlag auf *Charlie Hebdo*.

CHURCH COMMITTEE – Ein im Jahre 1975 einberufener Sonderausschuss des US-Senats zur Untersuchung von Geheimdienstaktivitäten, benannt nach dem demokratischen Senator Frank Church, der dem Ausschuss vorstand. Der Ausschuss befasste sich erstmals mit dem Wirken der Nachrichtendienste und stieß infolge seiner Ermittlungen auf etliche Missbrauchsfälle: versuchte und erfolgreich durchgeführte Mordanschläge auf ausländische Staatschefs, in Auftrag gegeben von den USA; Menschenversuche mit Drogen und Folter; die Überwachung, Manipulation und Diskreditierung linksgerichteter Organisationen durch das FBI. Aus dem Church Committee gingen ständige Ausschüsse zur Kontrolle der Nachrichtendienste im US-Senat und im Repräsentantenhaus hervor. Zudem wurde der *Foreign Intelligence Surveillance Act* verabschiedet (siehe FISA).

COINTELPRO – *Counterintelligence Program.* Ein geheimes Programm des FBI, das 1956 auf Anordnung des damaligen FBI-Direktors J. Edgar Hoover ins Leben gerufen wurde. Das Programm richtete sich anfangs gegen die Kommunistische Partei, später auch gegen Bürgerrechts-, Studenten- und Antikriegsbewegungen. Zu den Maßnahmen des FBI gehörten u. a. illegale Überwachung, systematische Unterwanderung von Organisationen, Fälschung von Beweismaterial, Inszenierung falscher Tatsachen in den Medien und körperliche Gewaltanwendung. 1971 wurden den Medien Dokumente zugespielt, die Aktivisten aus einem Büro des FBI entwendet hatten. Die darauf folgenden Veröffentlichungen stoppten nicht nur das Programm, sondern führten zu weitreichenden parlamentarischen Restriktionen für die Arbeit von Polizei und Geheimdiensten (siehe *Church Committee*).

COLLATERAL MURDER – Unter diesem Titel veröffentlichte WikiLeaks die thermooptische Videoaufzeichnung eines Luftangriffes vom 12. Juli 2007 in Bagdad, bei dem zwölf Zivilisten getötet wurden. Unter den Opfern befanden sich zwei Mitarbeiter der Nachrichtenagentur Reuters. Die Veröffentlichung löste weltweit moralische Bestürzung über die Praktiken des amerikanischen Militärs im Irak aus. Besonders die zynischen Kommentare der Piloten sowie die zweifelhafte Grundlage, auf die sich der Schießbefehl gestützt hatte, waren Anlass der Empörung. Als Informantin von WikiLeaks gilt Chelsea Manning (ehemals Bradley Manning).

CONTACT CHAINING – NSA-Analysemethode, die das Umfeld einer Zielperson erfasst, wobei darunter nicht nur direkte Kontakte, sondern auch Kontakte zweiten und dritten Grades fallen. Die entsprechende Kommunikation wird abgefangen, gespeichert, dechiffriert und analysiert.

DDoS – *Distributed Denial-of-Service attack.* Gezielter Angriff auf einen Server oder Rechner, der zum Ausfall von Websites oder Netzinfrastrukturen führt, indem die Bandbreite oder die Ressourcen eines Servers überlastet werden.

DOD – *United States Department of Defense.* Verteidigungsministerium der USA mit Sitz im Pentagon.

DOJ – *United States Department of Justice.* Justizministerium der USA und Aufsichtsbehörde des FBI.

DOW CHEMICAL – *The Dow Chemical Company* ist ein international tätiges Chemieunternehmen mit Sitz in Midland, Michigan in den Vereinigten Staaten. Es ist nach BASF der zweitgrößte Chemiekonzern der Welt. Zur Zeit des Vietnamkrieges stellte *Dow Chemical* das dioxinhaltige Entlaubungsmittel *Agent Orange* her, durch dessen Einsatz hunderttausende Vietnamesen und amerikanische Soldaten gesundheitliche Schäden davontrugen.

ECPA – *Electronic Communication Privacy Act.* Ein 1986 verabschiedetes Gesetz zum Telekommunikationsrecht, das den Schutz informationeller Privatheit (Datenschutz) regelt. Es schützt die Nutzer elektronischer Kommunikation vor unautorisierter Aufzeichnung und Speicherung von Telefongesprächen und Datenübermittlung.

EFF – *Electronic Frontier Foundation.* Eine 1990 gegründete gemeinnützige Organisation mit Sitz in San Francisco, die sich für die Grundrechte in der digitalen Welt einsetzt, vornehmlich mit juristischen Mitteln. Ihre zentralen Ziele sind: Gewährleistung der Redefreiheit, Privatsphäre und Verbraucherrechte.

ESPIONAGE ACT – Ein bis heute wirksames Gesetz aus dem Jahr 1917, das kurz nach dem Eintritt der USA in den Ersten Weltkrieg vom Kongress verabschiedet wurde. Es stellt die Sabotage sowie Weitergabe von Geheimnissen an den Feind unter Strafe. Da das Gesetz nicht zwischen Spionage durch ausländische Agenten und der Enthüllung von Geheiminformationen gegenüber der Presse unterscheidet, sind immer wieder Whistleblower unter dem *Espionage Act* angeklagt worden (u. a. Daniel Ellsberg, Chelsea Manning, Thomas Drake, Edward Snowden).

FCC – *Federal Communications Commission.* Eine 1934 durch den Kongress geschaffene Behörde, die über die Kommunikationswege (Rundfunk, Satellit, Kabel) die Aufsicht führt und für die Zulassung von Kommunikationsgeräten zuständig ist. Außerdem verhängt sie Strafen für das Senden als obszön eingestufter Inhalte.

FIFTH AMENDMENT – 5. Zusatzartikel zur Verfassung der Vereinigten Staaten, Teil der *Bill of Rights.* Er gewährleistet einem Angeklagten u. a. den Zugang zu einem Geschworenengericht und das Recht auf ein ordentliches Gerichtsverfahrens.

FIRST AMENDMENT – 1. Zusatzartikel zur Verfassung der Vereinigten Staaten und Teil der *Bill of Rights.* Er untersagt dem Kongress die Durchsetzung von Gesetzen, die die Meinungsfreiheit, Religionsfreiheit, Pressefreiheit, Versammlungsfreiheit oder das Petitionsrecht einschränken.

FISA – *Foreign Intelligence Surveillance Act.* Ein 1978 verabschiedetes Gesetz, das die Auslandsaufklärung und Spionageabwehr der Vereinigen Staaten regelt und eine strengere Handhabe der Überwachung amerikanischer Staatsbürger durch die eigenen Dienste gewährleisten sollte. Zu diesem Zweck wurde ein geheim tagendes *Fisa*-Gericht (siehe FISC) eingerichtet. Seit den Terroranschlägen vom 11. September gab es mehrere Gesetzesnovellen, die der NSA umfangreiche Abhörbefugnisse eingeräumt haben.

FISC – *Fisa Court.* Ein 1978 geschaffenes Bundesgericht, das aus elf Bundesrichtern besteht und dessen Sitzungen grundsätzlich der Geheimhaltung unterliegen. Es entscheidet über die Bewilligung von Anträgen von Ermittlungsbehörden hinsichtlich der Observierung amerikanischer Staatsbürger und ausländischer Agenten sowie der Herausgabe inländischer Kommunikationsdaten durch amerikanische Kommunikationsunternehmen. Spätestens seit den Enthüllungen Edward Snowdens steht das Gericht wegen seiner großzügigen Genehmigungspraxis unter massiver Kritik.

FORT HOOD – Eine der größten Militärbasen der US Army. Bei einem Amoklauf am 5. November 2009 wurden auf dem Gelände der Militärbasis 13 Menschen erschossen und 32 weitere verletzt. Täter war der Militärpsychologe Nidal Malik Hasan.

FOURTH AMENDMENT – 4. Zusatzartikel zur Verfassung der Vereinigten Staaten und Teil der *Bill of Rights.* Er bezieht sich auf den Schutz der Privatsphäre und sichert den amerikanischen Bürgern das Recht auf Sicherheit der Person, Wohnung, Urkunden und des Eigentums vor willkürlicher Durchsuchung, Festnahme und Beschlagnahmung von Eigentum zu.

GAP – *Government Accountability Project.* Eine gemeinnützige Organisation aus Anwälten, die sich um den Schutz und die Verteidigung von Whistleblowern kümmert. Zu ihren Klienten zählen unter anderen Thomas Drake, William Binney und Edward Snowden.

GCHQ – *Government Communications Headquarters.* Britischer Geheimdienst für technische Aufklärung. Zuständig für: Kryptographie, Verfahren zur Datenübertragung und Fernmeldeaufklärung.

GLASFASER – Optische Verbindung, die vor allem für Netzwerkkabel eingesetzt wird. Glasfasern werden auch bei transatlantischen Kabeln verwendet, die von der NSA und GCHQ direkt abgehört werden können.

GRAND JURY – Gerichtsverfahren, das ohne die Beteiligung eines Richters und unter Ausschluss der Öffentlichkeit stattfindet. Eine Grand Jury ist nicht verpflichtet, offenzulegen, in welcher Angelegenheit und gegen wen sie ermittelt.

HAYMARKET RIOTS – Ein mehrtägiger, von den Gewerkschaften organisierter Streik, der am 1. Mai 1886 in Chicago begann und sich zu einer landesweiten Bewegung entwickelte. Ziel war die Reduzierung der täglichen Arbeitszeit von zwölf auf acht Stunden. Am 4. Mai eskalierte die Lage, als in Chicago eine Bombe inmitten der Streikenden hochging, woraufhin die Polizei das Feuer auf die Menge eröffnete und eine unbekannte Zahl von Menschen erschoss. Obwohl der Attentäter nie gefasst wurde, wurden acht Männer, die den Streik mitorganisiert hatten, angeklagt, für schuldig befunden und zum Tode verurteilt. Das Urteil löste Empörung in internationalen Arbeiterkreisen und Proteste rund um die Welt aus. Der 1. Mai wurde zum internationalen Kampftag der Arbeiterbewegung.

HBGary Federal – US-Sicherheitsfirma, die Abwehr- und Spionage-Software u. a. an amerikanische Sicherheitsbehörden liefert. Anfang 2011 geriet das Computersystem des Unternehmens ins Visier von *Anonymous.* Bei einem Hack wurden etwa 60.000 E-Mails erbeutet und anschließend auf WikiLeaks veröffentlicht. Aus diesen geht u. a.

hervor, dass *HBGary Federal* in Zusammenarbeit mit *Palantir Technologies* und *Berico Technologies* eine Strategie zur Bekämpfung von WikiLeaks entwickelt hatten – und das mit illegalen Mitteln. Die drei Unternehmen übten außerdem massiven Druck auf Journalisten aus, die mit der Enthüllungsplattform sympathisierten.

HPSCI – *U.S. House of Representatives Permanent Select Committee on Intelligence.* Ein seit 1977 bestehender Ausschuss für geheimdienstliche Aufgaben des Repräsentantenhauses. Er führt die Aufsicht über die Legislative der 17 Nachrichtendienste der Vereinigten Staaten.

HOUSE OF LORDS – Oberhaus des britischen Parlaments.

I2P – *Invisible Internet Project.* Ein Projekt, das zum Ziel hat, ein anonymes und pseudonymes Netzwerk zu schaffen.

ICWPA – *Intelligence Community Whistleblower Protection Act.* Ein 1998 verabschiedetes Gesetz, das Richtlinien vorgibt, nach denen Mitarbeiter von Geheimdiensten zu handeln haben, wenn sie den Kongress über Beschwerden und Missbrauch informieren wollen.

IRAQ WAR LOGS – das *Kriegstagebuch des Irak-Krieges* ist eine Sammlung interner Protokolle des US-Militärs über den Irak-Krieg aus der Zeit von 2004 bis 2009, die im Oktober 2010 von WikiLeaks veröffentlicht wurde. Aus den Berichten der US-Soldaten geht u. a. hervor, dass die Zahl der Todesopfer weitaus höher war als bis dato geschätzt, der größte Teil davon Zivilisten. Außerdem enthält das Material etliche Hinweise darauf, dass die amerikanischen Streitkräfte die Anwendung von Folter an Zivilisten und die Ermordung von Gefangenen durch irakische Sicherheitsbehörden geduldet hatten. Als Informantin gilt Chelsea Manning (ehemals Bradley Manning).

IRS – *Internal Revenue Service*. Bundessteuerbehörde der USA, dem Finanzministerium unterstellt.

LULZSEC – Hackergruppe, die in ihrem Gründungsjahr 2011 durch eine Vielzahl von öffentlichkeitswirksamen Aktionen auf sich aufmerksam machte, u. a. gegen *Sony Pictures*, die CIA, den US-Senat und *The Sun*. Die Mitglieder von *LulzSec* wurden an die Ermittlungsbehörden durch das ehemalige *LulzSec*-Mitglied Sabu (Hector Xavier Monsegur) verraten und 2013 zu Haftstrafen verurteilt.

METADATEN – Verbindungsdaten über eine bestimmte Kommunikation, nicht deren Inhalte selbst (Mail-Adressen, Namen, IP-Adressen, Telefonnummern, Datenübertragungsraten).

MOLE HUNTING UNIT – Geheimes Ermittlungsteam aus FBI- und CIA-Agenten, das erstmals 1994 zum Einsatz kam, um Doppelagenten und Spione ausfindig zu machen.

NATIONAL GUARD – Nationalgarde der USA, deren Mitglieder freiwillig Dienst leistende Milizsoldaten sind.

NDAA – *National Defense Authorization Act*. Bestimmt jährlich den Haushalt des amerikanischen Verteidigungsministeriums und ist Voraussetzung für das Budget der US-Streitkräfte. Mit dem NDAA wurden 2012 die Befugnisse des Militärs erweitert: Es ist seither erlaubt, amerikanische und ausländische Bürger auf bloßen Verdacht hin zeitlich unbegrenzt zu inhaftieren. Zudem wird die Errichtung von Gefangenenlagern im Ausland legitimiert sowie die Festsetzung von Terrorverdächtigen ohne Gerichtsverfahren.

NSA – *National Security Agency.* Größter technisch orientierter Auslandsgeheimdienst der USA, der für die weltweite Überwachung, Entschlüsselung und Auswertung elektronischer Kommunikation zuständig ist. Das NSA-Hauptquartier befindet sich in Fort Meade, Maryland. Nach der Gründung 1952 wurde die Existenz der NSA lange geheim gehalten.

OCCUPY MOVEMENT – Protestbewegung mit Ursprung in Nordamerika. Auftakt der Bewegung war die Errichtung eines Zeltlagers durch Demonstranten am 17. September 2011 im Zuccotti Park in New York. Am 5. Oktober fand die bislang größte Demonstration mit Unterstützung und Beteiligung zahlreicher Gewerkschaften statt. Die Schätzungen der Teilnehmerzahl bewegen sich zwischen 5.000 und 15.000. Unter den Slogans *Occupy Wall Street* und *We are the 99 percent* forderten die Protestler soziale Gleichheit, ein Verbot von Spekulationsgeschäften und eine Ende des Einflusses von Großkonzernen auf die Politik.

USA PATRIOT ACT – Ein US-amerikanisches Bundesgesetz, das am 25. Oktober 2001 verabschiedet wurde und die Ermittlungen der Bundesbehörden im Fall einer terroristischen Bedrohung vereinfachen soll. Es legitimiert u. a. folgende Maßnahmen: Überwachung von Telefongesprächen und E-Mail-Verkehr (Telefongesellschaften und Internetprovider müssen ihre Daten offenlegen); Überprüfung von Ausleihlisten öffentlicher Bibliotheken; Einsicht in die finanziellen Daten von Bankkunden, ohne dass Beweise für ein Verbrechen vorliegen müssen; Hausdurchsuchungen ohne das Wissen der betroffenen Person; Ermittlungen der CIA im Inland; unbefristete Internierung von Terrorverdächtigen ohne Gerichtsverfahren.

PEN REGISTER AND TRAP AND TRACE DEVICES ACT – Ein 1989 verabschiedetes Gesetz zur Überwachung des Telefonverkehrs, das den Einsatz von Wahlwiederholungsvorrichtungen ohne richterlichen Beschluss untersagt.

PENTAGON PAPERS – Ein vom damaligen Verteidigungsminister Robert McNamara 1967 in Auftrag gegebener geheimer Bericht, der auf 7.000 Seiten die Beziehung zwischen den USA und Vietnam zwischen 1945 und 1967 dokumentiert. Die Dokumente wurden der Presse von Daniel Ellsberg zugespielt. Sie enthüllten die jahrelange Täuschung der amerikanischen Öffentlichkeit und des Parlaments hinsichtlich des Vietnamkrieges. Entgegen den Beteuerungen seitens der Regierung wurde der Krieg von langer Hand geplant und vermutlich durch die Vortäuschung eines Angriffs Nordvietnams im Golf von Tonkin legitimiert. Auch war die Sicherung der Demokratie in Südvietnam nicht primäres Ziel, die Zahl der Kriegstoten viel höher als bisher zugegeben und ein Sieg über die nordvietamesischen Streitkräfte völlig illusorisch. Die Veröffentlichung der *Pentagon Papers* (in der *New York Times*, später auch in der *Washington Post* und weiteren Printmedien) trug maßgeblich dazu bei, die amerikanische Öffentlichkeit gegen den Vietnamkrieg zu mobilisieren.

PRISM – Ein Überwachungsprogramm der NSA, das in der Lage ist, die weltweite Onlinekommunikation umfassend zu analysieren. Das Programm greift dabei auf Daten und Dienste von mindestens neun großen Computerkonzernen zu, u. a. *Google*, *Facebook*, *Skype* und *Apple*. Die Existenz von *Prism* wurde am 7. Juni 2013 durch Edward Snowden öffentlich gemacht.

PROJECT PM – Eine von Barrett Brown 2009 initiierte Rechercheplattform, auf der Brown zusammen mit Unterstützern Informationen über Überwachung durch private Sicherheits- und Technologiefirmen sammelte und analysierte.

SHENANIGANS – Ein Projekt, bei dem mithilfe von Drohnen die elektronischen Signale ganzer Gebiete aus WLAN-Netzen oder direkt von Rechnern gesammelt werden.

SID – *Signals Intelligence Directorate.* Teil der NSA, zuständig für die Fernmeldeaufklärung.

SIXTH AMENDMENT – 6. Zusatzartikel zur Verfassung der Vereinigten Staaten und Teil der *Bill of Rights.* Er garantiert dem Angeklagten während einer Strafverfolgung bestimmte Rechte, u. a. die Gewährleistung eines unverzüglichen öffentlichen Prozesses vor einem Geschworenengericht, die Offenlegung der Gründe für die Anklage, den Erhalt eines Rechtsbeistands, die Vorladung von Zeugen zur Verteidigung.

STELLAR WIND – Deckname eines Überwachungsprogramms, das geheim und ohne gesetzliche Erlaubnis unmittelbar nach dem 11. September entwickelt worden ist. Das durch den damaligen Präsidenten George W. Bush autorisierte Programm vereinte vier bereits existierende Abhörprogramme und erweiterte deren Funktionen. Mit *Stellar Wind* hatte die NSA umfassenden Zugriff auf die Internet- und Telefonaktivitäten der amerikanischen Bevölkerung und schöpfte Daten ohne richterlichen Beschluss direkt von den Verbindungszentren führender Telekommunikationsunternehmen ab. Die Obama-Administration setzte das Projekt zunächst fort und beendete es offiziell 2011.

STRATFOR – *Strategic Forecasting, Inc.* Privater US-amerikanischer Think Tank und Informationsdienstleister aus dem US-Bundesstaat Texas, der Analysen, Berichte und Prognosen zur Geopolitik, zu Sicherheitsfragen und Konflikten anbietet. 2011 wurde *Stratfor* von Mitgliedern des Kollektivs *Anonymous* gehackt. Ende des Jahres veröffentlichte

Anonymous 75.000 Namen, E-Mail-Adressen, Kreditkartennummern und Passwörter von Kunden des Sicherheitsunternehmens sowie 50.000 E-Mail-Adressen von Vertretern der US-Regierung. 2012 begann WikiLeaks die Veröffentlichung von unternehmensinternen Dokumenten – vornehmlich E-Mails –, die Aufschluss über das weltweit operierende Netz an Informanten und deren geheimdienstähnliche Methoden geben. Am 5. März 2012 wurde der Aktivist und Hacker Jeremy Hammond vom FBI festgenommen. Hammond gestand, den Server von *Stratfor* gehackt, fünf Millionen E-Mails kopiert und an WikiLeaks weitergegeben zu haben. Hammond wurde zu zehn Jahren Gefängnis verurteilt. 2014 stellte sich heraus, dass ihn ein FBI-Agent mit den für den Hack nötigen Informationen versorgt hatte.

SWAT – *Special Weapons and Tactics.* Taktische Spezialeinheit innerhalb der Polizeibehörden, auf hochriskante Einsätze spezialisiert (Geiselnahmen, risikoreiche Verhaftungen, Scharfschützeneinsätze). Vergleichbar mit dem SEK in Deutschland.

TEA PARTY – Eine 2009 entstandene amerikanische Protestbewegung, deren Name sich auf die *Boston Tea Party* von 1773 bezieht.

TEMPORA – Codename eines seit 2011 operierenden Überwachungsprogramms des britischen Geheimdienstes GCHQ, mit dem der weltweite Onlineverkehr angezapft und zwischengespeichert wird. Dabei werden Inhaltsdaten drei Tage, sogenannte Metadaten dreißig Tage gespeichert. Auf diesen Datenpool hat auch die NSA Zugriff.

THIN THREAD – Ein Abhör- und Analyseprogramm, das von William Binney und seinen Kollegen Edward Loomis und J. Kirk Wiebe entwickelt wurde. *Thin Thread* gilt in seiner Konzeption als äußerst effizient: Die Software erfasst das gesamte soziale Umfeld einer Person und stellt so aus der Masse von Daten Verbindungen zwischen mutmaßlichen Verdächtigen her (siehe *Contact chaining*). Zudem stellte ein eingebauter Privatsphärenschutz sicher, dass Daten von US-Bürgern sofort isoliert und verworfen wurden. Der damalige NSA-Direktor General Hayden beendete die Weiterarbeit am Projekt drei Wochen vor dem 11. September zugunsten des Projektes *Trailblazer*.

TIMES SQUARE BOMBER – Am 1. Mai 2010 versuchte Faisal Shahzad am Times Square in New York eine Autobombe zu zünden. Aufgrund eines fehlerhaften Zünders kam es nicht zur Detonation.

TONKIN-ZWISCHENFALL – Der willkürliche Beschuss zweier amerikanischer Kriegsschiffe durch nordvietnamesische Schnellbote im Golf von Tonkin vor der Küste Nordvietnams am 2. und 4. August 1964. Der Zwischenfall lieferte der US-Regierung die Rechtsgrundlage, in den seit 1956 andauernden Krieg in Vietnam einzugreifen. Ob die von der US-Kriegsmarine behaupteten Angriffe tatsächlich stattgefunden haben, ist jedoch umstritten. Zumindest der zweite Angriff vom 4. August entzieht sich jeder historischen Verifizierbarkeit. Auch die 1971 veröffentlichten *Pentagon Papers* legen eine bewusste Verzerrung der Ereignisse nahe, mit dem Ziel, die bereits 1963 gefassten Kriegspläne der Regierung umzusetzen.

TOR – *The Onion Router*. Ein Anonymisierungs-Tool, das Nutzern die Möglichkeit bietet, ihre digitalen Spuren zu verwischen.

TRAILBLAZER – Gescheitertes Überwachungsprogramm der NSA, das mithilfe von Privatfirmen entwickelt werden sollte, um Kommunikationsdaten aus dem Internet und von Mobiltelefonen abzugreifen und zu analysieren. 2006 wurde *Trailblazer* wegen zu hoher Kosten und mangelhafter Resultate gestoppt.

TSA – *Transportation Security Administration.* Amerikanische Bundesbehörde, die dem Geschäftsbereich des Ministerium für Innere Sicherheit angehört und für die Wahrung der öffentlichen Sicherheit im Verkehr zuständig ist, was auch die Terrorismusabwehr umfasst.

VPN – Tools, die ein anonymes Surfen im Internet ermöglichen, indem sie den Netzwerkverkehr über eine fremde IP-Adresse laufen lassen, wodurch beim Seitenbetreiber ein falscher Standort aufgezeichnet wird.

WEATHER UNDERGROUND/WEATHERMEN – war eine linksradikale militante Untergrundorganisation in den USA, deren Mitglieder sich mit den Kämpfern des Vietcong und der *Black Panther Party* solidarisierten. Sie verübten Ende der 1960er- bis in die 1970er-Jahre vor allem Bombenanschläge gegen Regierungsgebäude, bei denen allerdings keine Menschen getötet wurden. Für Aufsehen sorgte die Befreiung des Psychologen und »LSD-Papstes« Timothy Leary aus einem Gefängnis im Jahre 1970.

WIKILEAKS – 2006 von Julian Assange gegründete Onlineplattform, auf der Dokumente aus Politik und Wirtschaft veröffentlicht werden, die der Geheimhaltung, Vertraulichkeit und Zensur unterliegen. Informanten können das Material hochladen, ohne dass dabei ihre Identität festgestellt werden kann.

WHISTLEBLOWER – von engl.: *to blow the whistle*, ›in die Pfeife blasen‹. Als mögliche Herkunft gelten sowohl englische Polizisten, die mittels einer Trillerpfeife andere Polizisten auf einen Verbrecher aufmerksam machten, als auch Schiedsrichter beim Fußball, die durch Pfeifen das Spiel nach Regelverstößen unterbrechen. Whistleblower sind Personen, die geschützte oder geheime Informationen über Missstände, illegale Aktivitäten, Gefahren für Mensch und Umwelt an die Öffentlichkeit bringen. Dabei bringen sie sich nicht selten selbst in Gefahr. Für investigative Journalisten sind Whistleblower oft die wichtigste, manchmal gar einzige Quelle, wenn es um die Aufdeckung von politischen Affären, Wirtschaftsskandalen, Kriegsverbrechen oder Menschenrechtsverletzungen geht.

THE YES MEN – Ein Netzkunst- und Aktivistenduo aus New York, das Kommunikationsguerilla betreibt: Die beiden Mitglieder Andy Bichlbaum und Mike Bonanno schlüpfen in die Rolle von Konzernvertretern und Politikern und karikieren mit übertriebenen Forderungen auf Konferenzen deren Ziele. Mit der Fälschung der Website der WTO wurden *The Yes Men* weltweit bekannt.

PERSONENVERZEICHNIS

AVILA, Renata – Anwältin für Menschenrechte und Geistiges Eigentum aus Guatemala. Sie kämpft für Meinungsfreiheit, Datenschutz, Zugang zu Wissen und die Rechte indigener Völker, ist Vorsitzende von *Creative Commons Guatemala* und enge Mitarbeiterin von WikiLeaks.

BAGINSKI, Maureen A. – Kryptologin. Hatte von 1979 bis 2003 verschiedene Führungspositionen innerhalb der NSA inne und war anschließend u. a. beim FBI tätig.

BARR, Aaron – ehemaliger Leiter des US-Sicherheitsunternehmens *HBGary Federal*. Nachdem das Unternehmen Ziel eines Cyber-Angriffs durch *Anonymous* wurde, erklärte Barr seinen Rücktritt.

BRITTAIN, Victoria – Journalistin und Schriftstellerin. Sie verfasst Beiträge für den *Guardian* und für diverse französischsprachige Magazine. Außerdem ist sie als Beraterin der Vereinten Nationen tätig.

BUSH, George Walker (*6. Juli 1946) – War von 2001 bis 2009 der 43. Präsident der Vereinigten Staaten. Als unmittelbare Reaktion auf die Anschläge vom 11. September 2001 leitete die Bush-Regierung unter dem Schlagwort *Krieg gegen den Terror* eine Reihe von politischen, militärischen und juristischen Maßnahmen ein, die die fundamentalen Grundrechte einschränkten und die Gewaltenteilung in den USA teilweise aufhoben.

CHENEY, Richard Bruce »Dick« (*30. Januar 1941) – US-amerikanischer Politiker. War von 2001 bis 2009 der 46. Vizepräsident der Vereinigten Staaten unter Präsident George W. Bush sowie von 1989 bis 1993 unter dessen Vater George Bush Verteidigungsminister. Cheney war maßgeblich an der massiven Aufstockung des Sicherheitsapparates und der Ausweitung der Kompetenzen der NSA beteiligt.

FARRELL, Joseph – offizieller Botschafter von WikiLeaks und engster Mitarbeiter von Julian Assange. War zuvor am *Centre for Investigative Journalism* in London tätig.

FRIEDMAN, Thomas L. (*20. Juli 1953) – US-amerikanischer Journalist, der als Nahost-Korrespondent und Kommentator für die *New York Times* schreibt. Mit *The Lexus and the Olive Tree* (1999), einem inhaltlich umstrittenen Standardwerk zur Globalisierung, erlangte Friedman Bekanntheit.

GRAYSON, Alan (*13. März 1958) – US-amerikanischer Politiker, Mitglied der Demokratischen Partei. Vertritt seit 2013 als Abgeordneter des Repräsentantenhauses den neunten Kongressdistrikt des Staates Florida. War vor seiner politischen Karriere als Rechtsanwalt tätig.

GREENWALD, Glenn (*6. März 1967) – US-amerikanischer Journalist, Rechtsanwalt und Blogger. Seit Juni 2013 mit der Aufbereitung und Analyse der Daten beschäftigt, die ihm von Edward Snowden in Hongkong übergeben wurden. Publikation etlicher Enthüllungen des NSA-Whistleblowers in der britischen Tageszeitung *The Guardian*. Seit Februar 2014 Chefredakteur des Onlinemagazins *The Intercept*, das die Enthüllungen auf Basis der Snowden-Dokumente fortführen möchte. Themen sind u. a. Korruption, Justizmissbrauch, Verletzung bürgerlicher Freiheiten und soziale Ungleichheit.

HARRISON, Sarah (* um 1981/1982) – britische Journalistin und Mitarbeiterin von WikiLeaks. Sie gilt als engste Beraterin von Julian Assange. Im Sommer 2013 begleitete Harrison den Whistleblower

Edward Snowden auf seinem Flug von Hongkong nach Moskau. Sie verbrachte mit ihm über vierzig Tage im Transitbereich des Moskauer Flughafen Scheremetjewo, wo sie u. a. die Verhandlungen um das Asyl für Snowden führte. Seit November 2013 lebt Harrison in Berlin.

HAYDEN, Michael Vincent (*17. März 1945) – von 1999 bis 2005 Leiter des Militärnachrichtendiensts NSA. Die traditionell auf Auslandsaufklärung ausgerichtete Behörde erlebte durch Haydens Amtsantritt einen tiefgreifenden Wandel. Zwischen 2006 und 2009 war Hayden Direktor des Auslandsgeheimdienstes CIA.

HEDGES, Christopher (*18. September 1956) – US-amerikanischer Journalist, Autor, Aktivist, Pulitzer-Preisträger und leitender Wissenschaftler am Nation Institute in New York City. Prozessierte gegen den seiner Meinung nach verfassungswidrigen *National Defense Authorization Act* (NDAA), der von der Obama-Administration erlassen wurde. Hedges erhielt zunächst recht, doch nachdem die Regierung Revision eingelegt hatte, wurde dieses Urteil gekippt. Hedges' Gesuch um eine Anhörung beim *Supreme Court* wurde im April 2014 abgelehnt.

HOOVER, John Edgar (*1. Januar 1895; †2. Mai 1972) – war von 1924 bis zu seinem Tod der erste Direktor des *Federal Bureau of Investigation* (FBI).

JAUCH, Günther (*13. Juli 1956) – deutscher Showmaster und Produzent.

KENNEDY, Helena Baroness Kennedy of The Shaws (*12. Mai 1950) – britische Rechtsanwältin, Fernsehjournalistin und Abgeordnete der Labour Party im House of Lords.

KIRIAKOU, John (*9. August 1964) – ehemaliger CIA-Mitarbeiter, der zu zweieinhalb Jahren Gefängnis verurteilt worden ist, nachdem er gegenüber einem Reporter bestätigt hatte, dass die CIA regelmäßig die Foltermethode Waterboarding anwendet. Im Februar 2015 wurde Kiriakou aus der Haft entlassen.

KONDEK, Chris (*1962) – Videokünstler und Regisseur. Er arbeitete u. a. mit Robert Wilson, Michael Nyman, Laurie Anderson und Angela Richter.

KRAUTHAMMER, Charles (*13. März 1950) – US-amerikanischer Kolumnist und Publizist. Zunächst Mitglied der Demokratischen Partei, wechselte Krauthammer in den frühen 1980er Jahren das politische Lager und wird heute den Neokonservativen zugerechnet. Seine Kolumnen erscheinen in zahlreichen Tageszeitungen und Online-Publikationen (u. a. *Washington Post, The National Interest, TIME Magazine).*

LAMO, Adrian (*20. Februar 1981) – US-amerikanischer Hacker. Seine Angriffe auf die Netzwerke von *The New York Times, Yahoo! News, AOL* und *Microsoft* brachten ihm in der Szene einen gewissen Ruf ein. Nachdem sich ihm Chelsea Manning in einem mehrtägigen Chat anvertraut hatte, kontaktierte Lamo die Behörden und sorgte so für Mannings Verhaftung.

LICHTBLAU, Eric (*1965) – US-amerikanischer Journalist. Schreibt seit 2002 für die *New York Times.* Zusammen mit seinem Kollegen James F. Risen erhielt Lichtblau 2006 den Pulitzer-Preis für seine Recherchen über die verfassungswidrigen Abhörpraktiken der NSA gegen die US-Bevölkerung. Zuletzt sind von ihm die Bücher *Bush's Law: The Remaking of American Justice* und *The Nazis Next Door: How America Became a Safe Haven for Hitler's Men* erschienen.

LINDH, John Walker (*9. Februar 1981) – US-amerikanischer Staatsbürger, der auf Seiten der Taliban kämpfte und während der Invasion Afghanistans gefangen genommen wurde. Er ist bekannt als »The American Taliban«. Während des Gerichtsverfahrens kam heraus, dass Lindh während seiner Haftzeit unter Schlafentzug, Nahrungsentzug und Wassermangel gelitten hatte und ohne juristischen Beistand verhört worden war. Am 4. Oktober 2002 wurde er zu einer Haftstrafe von zwanzig Jahren ohne Bewährung verurteilt.

LOOMIS, Edward – war von 1964 bis 2001 als Kryptologe bei der NSA tätig und gehörte dem Team um William Binney und J. Kirk Wiebe an, das sich der Entwicklung des Überwachungsprogramms *ThinThread* verschrieben hatte. Wie Wiebe und Binney quittierte auch Loomis den Dienst bei der NSA, weil er die massenhafte und verfassungswidrige Überwachung der US-Bevölkerung nicht mitverantworten wollte.

MAYER, Jane (*1955) – US-amerikanische Investigativ-Journalistin. Schreibt seit 1995 für den *New Yorker.* In den letzten Jahren berichtete sie vor allem über Korruptionsfälle in der Politik, die Verfolgung von Whistleblowern und das Drohnenprogramm der Obama-Regierung. Mit ihrem zuletzt erschienenen Buch *The Dark Side: Inside Story of How the War on Terror Turned Into a War on American Ideals* (2008) lieferte Mayer ein Panorama der politischen, militärischen und juristischen Folgen des von der Bush-Regierung postulierten »Krieges gegen den Terror«.

MERKEL, Angela Dorothea (*17. Juli 1954) – deutsche Bundeskanzlerin. Im Oktober 2013 wurde bekannt, dass die NSA Merkels Handy seit 2002 abgehört hatte. Außerdem stellte sich heraus, dass Mitarbeiter von CIA und NSA, stationiert in der amerikanischen Botschaft am Pariser Platz, die Kommunikation im Regierungsviertel abhörten.

NEMZOV, Boris (*9. Oktober 1959; †27. Februar 2015) – russischer Politiker. Gehörte lange den führenden Kräften der liberalen Partei »Union der rechten Kräfte« an und war als Fraktionsvorsitzender der Opposition ein scharfer Kritiker der Regierung Wladimir Putins. Wurde am 27. Februar 2015 im Zentrum von Moskau, unweit des Kremls, erschossen.

OBAMA, Barack Hussein (*4. August 1961) – seit dem 20. Januar 2009 der 44. Präsident der Vereinigten Staaten. Als Präsidentschaftskandidat hatte sich Obama ausdrücklich für den Schutz von Whistleblowern ausgesprochen. Nach seinem Amtsantritt hat er jedoch begonnen, Whistleblower mit weitaus größerer Härte zu verfolgen als seine Vorgänger. Bereits in seiner ersten Amtszeit gab es sechs Strafverfahren wegen Geheimnisverrats auf Grundlage des *Espionage Act* von 1917.

POITRAS, Laura (*1964) – US-amerikanische Dokumentarfilmregisseurin und -produzentin. Im Juni 2013 reiste sie zusammen mit Glenn Greenwald nach Hongkong, um Edward Snowden zu treffen und die NSA-Dokumente in Empfang zu nehmen. Poitras hielt die Begegnung mit der Kamera fest, woraus der Dokumentarfilm *Citizenfour* entstand, der 2015 mit dem Oscar ausgezeichnet worden ist.

PUTIN, Wladimir (*7. Oktober 1952) – Seit dem 7. Mai 2012 Präsident der Russischen Föderation; dasselbe Amt hatte er bereits von 2000 bis 2008 inne. Nachdem Edward Snowden auf seiner Flucht fünf Wochen im Transitbereich des Moskauer Flughafens Scheremetjewo verbracht hatte, gewährte Putin ihm dauerhaftes Asyl, unter der Bedingung, dass Snowden von weiteren Aktivitäten als Whistleblower absieht, die den USA schaden könnten.

RISEN, James E. (*27. April 1955) – US-amerikanischer Journalist der *New York Times*. 2004 berichtete er als Erster über das Waterboarding, eine Folterpraxis der CIA. 2005 deckten er und sein Kollege Eric Lichtblau die NSA-Überwachungsprogramme im Inland auf. 2006 erschien das Buch *State of War: The Secret History of the CIA and the Bush Administration*. Gegen eine von Risens mutmaßlichen Quellen, den ehemaligen CIA-Mitarbeiter Jeffrey Sterling, wurde 2010 ein Verfahren eröffnet. Als Risen sich weigerte, Sterling als Quelle zu bestätigen, drohte ihm zeitweise Beugehaft. Letztlich verzichtete das Justizministerium darauf, Risen als Zeugen zu laden.

ROARK, Diane – arbeitete für die Republikaner im Geheimdienstausschuss des Repräsentantenhauses und überwachte das Budget der NSA. Zusammen mit Thomas Drake und William Binney reichte sie beim Verteidigungsministerium und dem Sicherheitsausschuss Beschwerde gegen das geheime NSA-Projekt *Trailblazer* ein. Nachdem der damalige NSA-Chef Michael Hayden die Arbeit an *Trailblazer* dennoch bewilligt hatte, schied Roark freiwillig aus dem Dienst.

ROSEN, James (*2. September 1968) – US-amerikanischer Journalist und Fernsehkorrespondent, u. a. für *Fox News Channel*. 2013 berichtete die *Washington Post*, dass das Justizministerium Rosens Aktivitäten überwachte: Telefonate wurden abgehört, E-Mails mitgelesen, Besuche im Außenministerium registriert. Hintergrund war eine Geschichte des Journalisten zu Nordkorea, bei der ein Ex-Mitarbeiter des Außenministeriums Rosen geheime Informationen zugespielt hatte.

ROUSSEFF, Dilma Vana (*14. Dezember 1947) – Präsidentin Brasiliens. 2013 enthüllte das Snowden-Material, dass der Telefon- und E-Mail-Verkehr Rousseffs durch die NSA ausgespäht worden war.

RUSSELL, Bertrand Arthur William (*18. Mai 1872; †2. Februar 1970) – Mathematiker, Logiker, Schriftsteller, Sozialist, Pazifist. Er gilt als Begründer der Analytischen Philosophie.

SABU (*13. Oktober 1983) – Geburtsname Hector Xavier Monsegur. Mitbegründer von *LulzSec*, einer losen Gruppierung von Hackern, die mit Hacks u. a. gegen *Sony*, *Nintendo* und *InfraGard* auf sich aufmerksam machte. Monsegur wurde nach seiner Festnahme im Jahr 2011 FBI-Informant. Er gab den Ermittlern nicht nur Hinweise zu über 300 Cyber-Angriffen, sondern orchestrierte als eine Art Agent Provocateur weltweit großangelegte Attacken auf Server. Die Kooperation brachte Monsegur eine deutliche Reduzierung seines Strafmaßes ein: Statt der angedrohten Höchststrafe von über 26 Jahren wurde Monsegur zu lediglich sieben Monaten Haft verurteilt.

TATCHELL, Peter Gary (*25. Januar 1952) – britischer Menschenrechtsaktivist, der seit den 1990er Jahren in der LGBT *(Lesbian, Gay, Bisexual and Transgender)*-Bewegung aktiv ist.

TENET, George John (*5. Januar 1953) – ehemaliger US-amerikanischer Regierungsbeamter. Er war vom 11. Juli 1997 bis zum 11. Juli 2004 Direktor der CIA.

TOPIARY (*27. Oktober 1992) – Geburtsname Jake Leslie Davis, ist ein Hacktivist. Topiary war aktives Mitglied verschiedener Gruppen, u. a. *Anonymous* und *LulzSec*. Er wurde bekannt, als er während eines laufenden Interviews die Website der *Westboro Baptist Church* hackte.

WEINER, Tim (*20. Juni 1956) – US-amerikanischer Autor und Journalist (u. a. für die *New York Times*), der sich in seinen Büchern mit der Geschichte und dem Wirken der US-Geheimdienste auseinandersetzt.

Etwa in *Legacy of Ashes. The History of the CIA* (2007) und *Enemies: A History of the FBI* (2012).

WIEBE, J. Kirk – arbeitete von 1975 bis 2001 als Chefanalyst in der NSA und gehörte dem Team um William Binney und Edward Loomis an, das sich der Entwicklung des Überwachungsprogramms *ThinThread* verschrieben hatte. Auch Wiebe quittierte, wie seine Kollegen, den Dienst bei der NSA, weil er das massenhafte und verfassungswidrige Überwachen der US-Bevölkerung nicht mitverantworten wollte.

WIZNER, Ben – Edward Snowdens Anwalt und führender Mitarbeiter bei ACLU, wo er das Ressort Presse- und Meinungsfreiheit, Privatsphäre und Technologie leitet.

YOO, John (*20. Juli 1967) – US-amerikanischer Anwalt, Professor und Autor. Er erarbeitete die rechtlichen Grundlagen für die Foltermethoden der CIA während der Amtszeit von George W. Bush. Demnach war alles legitim, was nicht zu Organversagen, dem Ausfall von Körperfunktionen oder zum Tod führt (so z. B. Waterboarding).

ŽIŽEK, Slavoj (*21. März 1949) – Philosoph, Kulturkritiker und nichtpraktizierender Psychoanalytiker. Žižek ist u. a. Professor für Philosophie an der Universität in Ljubljana und Direktor des Birkbeck Institute for the Humanities an der University of London.

DANKSAGUNG

Jacob Appelbaum, Julian Assange, Renata Avila, Stefan Bachmann, Diani Barretto, Susan Benn, William Binney, Alexa O'Brien, Barrett Brown, Thomas Drake, Ecuador, Daniel Ellsberg, Yuri Englert, Ethan, Joseph Farrell, Gavin McFadyen, Grace Fire, Kevin Gallagher, Ahmed Ghappour, Kevin Gosztola, Gott, Jeremy Hammond, Sarah Harrison, Baroness Helena Kennedy, Chris Kondek, Malakoff Kowalski, Thomas Laue, Chelsea Manning, Andy Müller-Maguhn, Nina Müller, Nadine Nelken, Juan Passarelli, John Pilger, Laura Poitras, Jesselyn Radack, Margaret Ratner Kunstler, Michael Ratner, David und Daniel Richter, Jennifer Robinson, Sarah Saunders, Schauspiel Köln, Wiebke Schlüter, Carey Shenkman, Edward Snowden, Stella, Malte Sundermann, Iva und Mihovil Udovicic, Alexander Wewerka, Ben Wizner, Jérémié Zimmermann.